U0906788

廣東旅游出版社
GUANGDONG TRAVEL & TOURISM PRESS
悦读书 · 悦旅行 · 悦享人生
中国 · 广州

图书在版编目（CIP）数据

抖音引流 99 招 / 招商哥著 . — 广州：广东旅游出版社，2019.8
ISBN 978-7-5570-1828-3

Ⅰ . ①抖… Ⅱ . ①招… Ⅲ . ①网络营销 Ⅳ . ① F713.365.2

中国版本图书馆 CIP 数据核字（2019）第 084905 号

出 版 人：刘志松
策划编辑：李豪睿
责任编辑：龙鸿波　李豪睿
责任校对：李瑞苑
责任技编：冼志良
装帧设计：赵　宇

抖音引流 99 招
DOUYIN YINLIU 99 ZHAO

广东旅游出版社出版发行
（广州市越秀区环市东路 338 号银政大厦西楼 12 楼）
邮编：510180
电话：020-87348243
印刷：深圳市希望印务有限公司
（深圳市坂田吉华路 505 号大丹工业园 A 栋二楼）
开本：787 毫米 ×1092 毫米　16 开
字数：160 千字
印张：13.5
版次：2019 年 8 月第 1 版第 1 次印刷
定价：58.00 元

目录 CONTENTS

目　录　C　O　N

T E N T S

目录 C O N

T E N T S

目录 CONTENTS

第1招 包装是最大的自媒体

包装即媒体，对抖音账号的包装是实现抖音品牌效应的第一步。

对抖音账号内容的完善及包装是极其必要的。不过一些带有广告宣传性的昵称、签名、照片，最好不要在养号工作进行完之前开展，也不要上来就发一大批视频，这有可能会被系统判定为营销目的过重，故而不予分配推荐流量。

资料的完善，包括头像、昵称、微信以及手机、微博、头条号的绑定等，越详细越好。因为抖音上被推荐的短视频都是采取“机器 + 内部人工审核”的双重机制，如果是机器审核，第一批筛选掉的就是劣质账户，而那些资料不齐全的账户很可能会首先被排除出局。

首先，一个朗朗上口、识别性强的抖音用户名是必不可少的。一个好的名称应当简洁、直接，同自己的专业方向直接相关，让用户一眼就能弄明白（见图 1-1）你是做什么的。好名字自带品牌效应，要避免取一些空洞、故弄

图 1-1

玄虚的名字。

再者，设置头像和背景图片也很重要。如果是突出个人的抖音账户，建议放置个人照片，这样容易营造信任感，可信度更高。照片要选用一些高颜值、有特色的形象照，尽量不要采用生活照，尤其是颜值普通者。企业组织的营销账号可以用组织 Logo 作为头像。一些细分专业领域的账户，也可以设计一些个性鲜明的头像和背景照片来作为自己的识别符号。

最后，是个性签名的设计。这里除了要和自己的专业方向密切相关外，还可以适当添加一些营销、引流性的信息，比如“招商哥商学院”个性签名栏的营销信息（见图 1–2）。

图 1–2

第2招 绑定第三方账号

新号注册后，出于引流的考虑，要先去绑定其他的社交、自媒体账户。下面就以新注册的抖音账号为例，介绍一下绑定的步骤。

第一步，打开抖音APP，点击右下角的“我”（见图2–1）。

图2–1

图2–2

第二步，进入我的账户，点击右上角的“…”，注意这是新版界面，同老版本略有不同（见图2–2）。

第三步，进入设置界面，打开“账号与安全”（见图 2–3）。

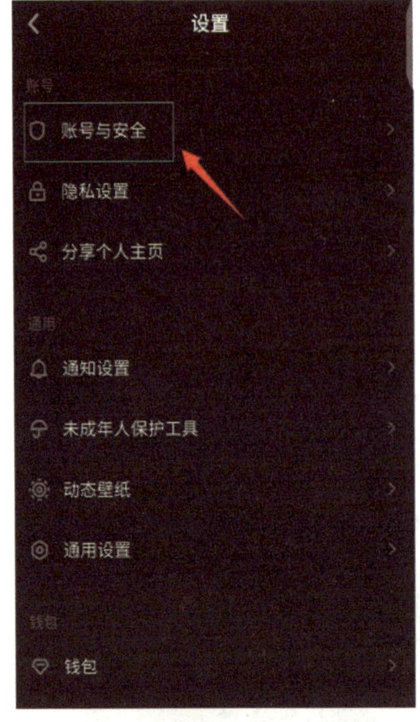

图 2-3

第四步，点开“第三方账号绑定”（见图 2–4）。

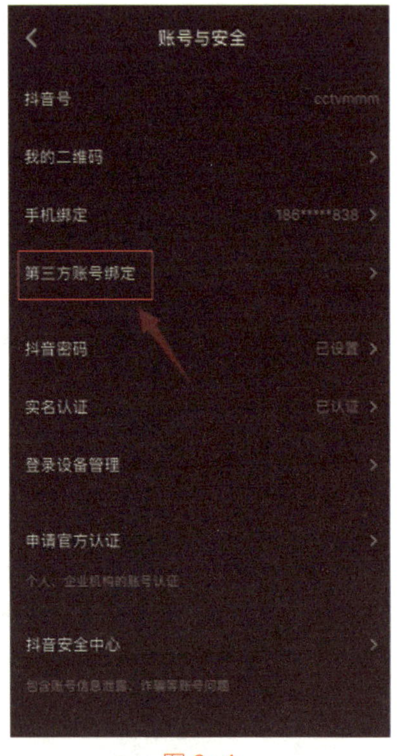

图 2-4

第五步，接下来，即可进行与微信、QQ、新浪微博、今日头条 / 西瓜视频等关联账号的绑定（见图 2–5）。

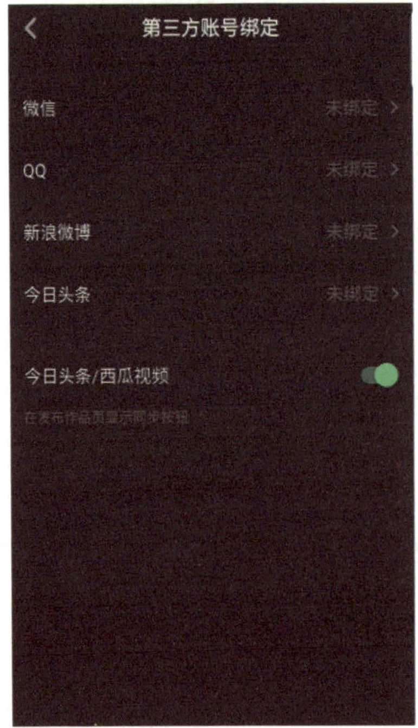

图 2-5

第3招 个人认证加V

抖音个人认证包括两个方面：

第一，实名认证

实名认证比较简单，在“账号与安全”界面点开“实名认证”（见图3–1）。

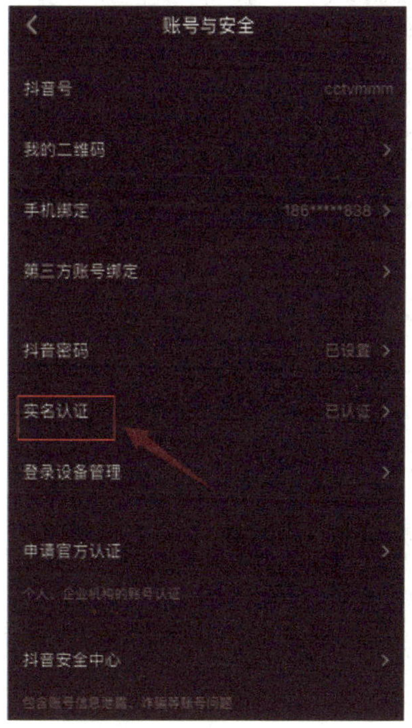

图3–1

图3–2

进入实名认证页面后，输入个人相关信息后提交即可（见图3–2）。

第二，个人官方认证

抖音上做个人官方认证的多是一些明星、知名网红，进行实名认证主要是出于两点考虑：

首先，认证用户加 V 以后，是身份的象征，可以和普通的用户进行区别，避免被一些“山寨号”所盗用。

其次，能够获得相应的收益，只要是加 V 的用户，抖音平台都会跟他们签订一些补贴政策，比如会有一些基本的工资等福利。

具体操作方式为，在“账号与安全”界面点入“申请官方认证”（见图 3-3）。然后进入认证页面（见图 3-4）。

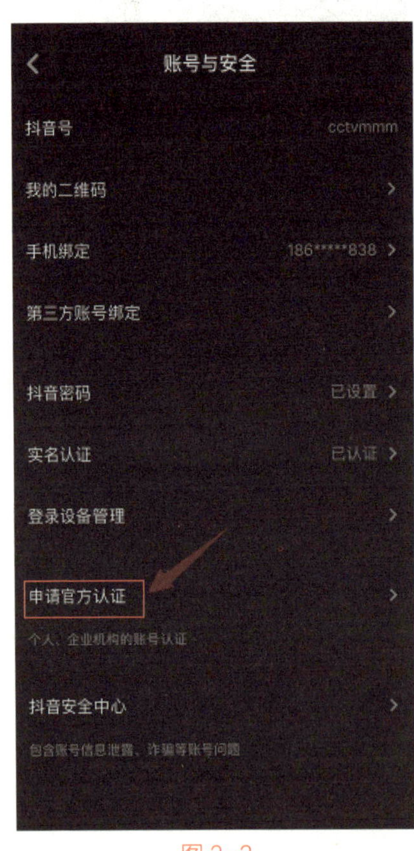

图 3-3

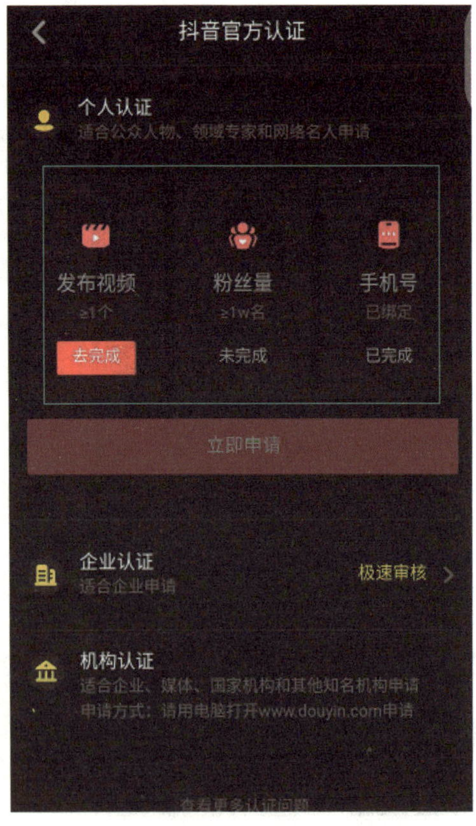

图 3-4

我们看到个人认证，需要满足三个硬性条件，其中发布视频和手机号的绑定相对比较好完成，而一万名粉丝量的条件则相对有些挑战度，需要先去“吸粉”。

完成抖音官方认证后的个人用户，会有一个黄色的“V”标。

第4招 关注同行大号

若要吸引粉丝，要先成为别人的粉丝。尤其是养号阶段，要有针对性地关注一些同领域的抖音大号。通过关注同行大号，能够更好地明确自己的定位和方向，知道自己该干什么，不该干什么。踩到巨人的肩膀上，会少走弯路，更加容易成功。

如何精准地去搜寻一些同行大号呢？这里给大家分享一个实用性的数据统计网站：https://kolranking.com/，该站上有各类细分领域的抖音 KOL（Key Opinion Leader，关键意见领袖）数据和网红排行榜。打开网站首页，

全部　最新收录　黑马号　TBD 认证号

#	头像	昵称	性别	粉丝	获赞	视频
1		陈赫	男	4737.1 万	1.1 亿	45
2		莉哥o3o	女	4349.1 万	3.0 亿	-
3		Dear-迪丽热巴	-	4314.9 万	8019.3 万	10
4		❤会说话的刘二豆❤	男	4143.3 万	3.5 亿	127
5		一禅小和尚	男	3905.6 万	1.8 亿	283
6		Angelababy	女	3787.3 万	6595.6 万	23
7		摩登兄弟	男	3490.7 万	1.7 亿	134
8		何炅	男	3030.8 万	5288.4 万	12
9		M哥	女	2917.1 万	1.4 亿	100
10		七舅脑爷	男	2745.0 万	1.9 亿	45

图 4-1

是一个总的抖音网红账户排行榜，呈现的内容包含粉丝量、点赞量和视频发布数量（见图 4–1）。

此外，还可以查看一些近期走红的黑马号和 TBD 认证号。另外，各垂直细分领域也都有大号排行榜。

以“美妆”为例（见图 4–2），点开后，就可以看到该领域的“大咖”（在某一领域里较为成功的人）排行榜（见图 4–3），方便我们搜寻、关注。

锁定相关领域，关注 20 个或以上的大号之后，进行适当的互动（观看、点赞、评论、转发），一方面会让账户的行业属性加强，另一方面也是一个学习垂直领域大号、学习爆款的过程，必不可少。

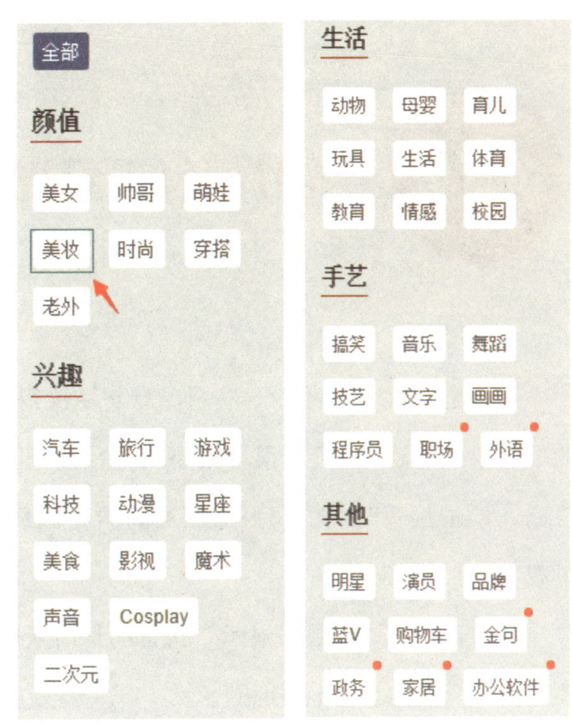

图 4–2

#	头像	昵称	性别	粉丝	获赞	视频
1		张凯毅Kevin	女	655.8 万	2535.4 万	200
2		认真少女_颜九	女	607.5 万	5297.5 万	441
3		起司姨太	女	450.5 万	3027.5 万	179
4		Tender黄梦	-	393.6 万	2659.0 万	170
5		叮叮叮	女	385.0 万	2483.7 万	244
6		谷大喵	女	339.4 万	4162.4 万	213
7		Rita姐_白彦翾	女	334.9 万	2161.5 万	217
8		宋小雅	女	312.1 万	1313.4 万	77
9		道上都叫我赤木刚宪	女	300.9 万	2189.2 万	380
10		Pony朴惠敏	女	281.5 万	533.9 万	103

图 4–3

第5招 养号期每天看视频半小时

抖音是一款“有毒”的应用。有句话说得好：“一入抖音深似海，从此早睡不可能。”我听说很多人一刷抖音就停不下来，有时实在控制不住自己，又怕浪费时间，只好狠狠心将抖音卸载。但过不多久，又会重新下载。

据抖音官方统计数据显示，抖音的月活跃用户已经突破 5 亿大关，这要归功于广大抖友们不停地刷。

抖音账户活跃度的提升，也是刷出来的，不过作为账户运营者要有自己的时间规划，不可像普通玩家一样让抖音变成时间杀手，而是要有技巧地提升账号活跃度。

养号阶段，一个提高账户活跃度的行之有效的好习惯是——每天坚持观看抖音视频半小时。

每天坚持定量观看视频，首先会让账号显得更加真实，会让系统觉得账号是在人为操作、人为维护。日积月累，账户活跃度必然提升。其次，每天坚持观看视频，也有助于了解同行大号的动向，获悉热点，与时俱进，开拓思维，学习视频制作的新思路、新方法，有助于激发灵感，找到新的创意，开发出独特的新选题。

日常刷视频时，切忌一滑而过，要完整地看完整条视频，要知道每条抖音视频只有短短 15 秒，耗费不了多长时间。最关键的是，如果总是对视频一扫而过，容易让系统误认为是机器在操作，不利于账号活跃度的提升。

当然，坚持看完一条视频对于视频创作者本身也不无启发，有很多视频的亮点、悬念、高潮和反转恰恰都在视频末尾，坚持看完，也能给自己以启发。下面是一个调酒的视频，神奇一幕就在于结尾之处。

图 5-1

最后，观看视频的同时，记得互动，点赞、评论、转发，举手之劳，就能收到活跃账户之效；而且评论本身也有引流的作用，后面会详谈。

任何一个新号，都是需要养的，目的是让系统认为你是一个正常的用户。通常，养号一周左右，就可以得到平台的正常推荐了。

另外，要注意不要频繁地登录和退出账号，也不要更换登录设备。因为，如果被封号的话，不仅封账号，还要封设备。也就是说，如果你的账号被封，你的硬件设备也将无法使用抖音，哪怕是再卸载重装，也无法挽回。

向同行高手学习

学习同行中的精英，实际意义表现在两个方面：

首先是学习他们的引流、营销套路，若想套路别人，先要被别人套路。找到同行中的大号，自愿上套，主动被他们套路，那么很多抖音操作秘诀也就都有了，比如引流入口、引流话术，以及二次营销的套路等。

其次，开拓思路，提升认知。千万不要小看这一点，尽管说起来有点虚，但你要相信，“你永远都赚不到你认知范围之外的那部分钱”，仔细品味一下，看是不是这个道理。

每个人的认识和所看到的世界都是不一样的，存在不同的境界和维度，这种认知会决定其选择要走的路，以及接下来的方法论，并决定最终所达成的效果。

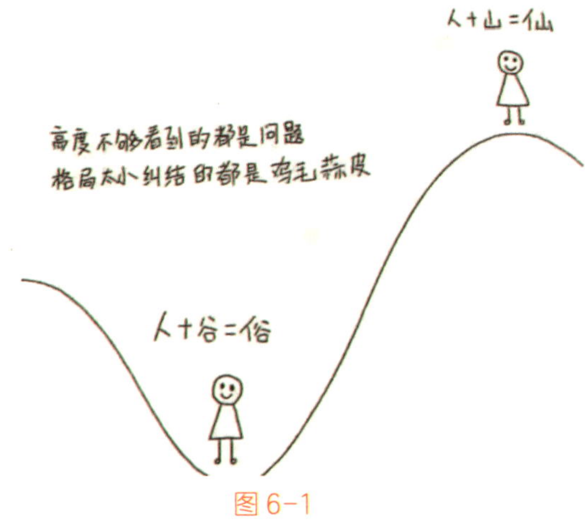

图 6-1

如何提升个人认知高度？“真传一句话，假传万卷书”，很可能同行精英不经意的一句话，就能拨云见日，将你生生提拔到一个全新的认知境界，从而看到更广阔的世界，发现更多的机会和可能性。

正如马云所说的，任何一次机会的到来，都必将经历四个阶段：1. 看不见；2. 看不起；3. 看不懂；4. 来不及。而积极向同行学习，多参加同行精英之间的交流、研讨，可能会让你在“看不见”的阶段就能捕捉并把控住转瞬即逝的机会。

我看到，很多西瓜视频的“大咖”创作者，在参与了西瓜视频嘉年华的交流活动后，粉丝都出现了不同程度的增长，各自基于今日头条平台的自媒体电商也开展得红红火火。为什么会出现这种积极的局面？原因很简单，就在于思路被打开了，认知度提升了！

收藏四个学习网站

罗曼·罗兰有一句话：“成年人逐渐被时代淘汰的原因，不是年龄的增长，而是学习热忱的减退。”抖音自媒体人要不断提升自己，与时俱进，想要有源源不断的创意和优质内容产生，就必须要坚持学习。

下面给大家分享几个抖音达人常用的学习平台，学习的同时也可以积累新素材。

1. https://www.pexels.com/

这是一个高质量的英文图片素材网站，有海量的高品质图片，每周都会定期更新。该网站使用起来非常方便，无需注册，就可以下载上面的资源。

图 7-1

2. 全网音乐免费下载工具

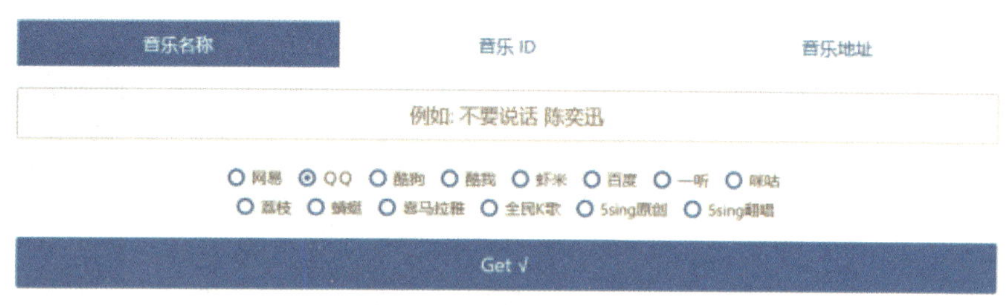

图 7-2

名称很好地概括了该网站的功能，直接搜索“全网音乐免费下载工具”即可，全网音乐都可以搜索到，且可以免费下载，是抖音达人不可或缺的音频素材来源。

3. 我要自学网（http://www.51zxw.net/）

该网站有大量各领域学习资料，也有很多影视动画方面的视频，对抖音视频的创作有很大帮助。

图 7-3

4. 下载街（http://www.xiazaij.com/）

一个素材教程下载网站，涵盖很多热门课程、热门资源，不管是视频、图片还是实操教程，应有尽有。

图 7-4

第8招 建立专属素材库

著名散文作家秦牧说：

> 一个作家应该有三个仓库：一个直接材料的仓库，装从生活中得来的材料；一个间接仓库，装从书籍和资料中得来的材料；另一个就是日常收集的人民语言的仓库。有了这三个仓库，写作起来就比较容易。

抖音自媒体若想常年如一日地坚持创作，就要有足够的素材积累。

那么，我们应该如何建立自己的素材库呢？

1. 注意日积月累

在平日里浏览网页、看视频甚至日常生活的时候，将自认为可能会用到的东西收集起来，建立一个素材库。这对今后的视频选题策划有非常大的帮助。放进选题库的可以是网站，也可以是热门的文字、段子、图片、音频、视频、视觉设计类产品等。

2. 定期进行头脑风暴

如果抖音账户是由团队来运营，那么应该定期举行讨论，开选题会，进行充分的头脑风暴，从而产生新的创意和选题。

3. 关注热点

养成良好的新闻素养，每天注意关注各类热点，留意各种自媒体、客户端、微博热搜、头条热点、朋友圈刷屏信息、百度搜索风云榜等热点信息，及时拿来为我所用。久而久之，也能培养良好的热点敏锐度。

4. 随时了解行业热点

对于垂直领域的抖音账户，应当关注行业最新资讯，关注行业 KOL。

当然，也别忘了从同行大号中了解最新动向，正所谓“没有枪没有炮，同行来给我们造”，我们可以自己动手去同行账号中进行收集和统计，借鉴其选题策划、视频拍摄、粉丝互动、营销引流技巧等实战要素。

5. 关注重大赛事

对于诸如奥运会、世界杯以及其他地域性、周期性、行业性的比赛活动，也要予以关注，将其同自己的内容策划结合起来。

6. 关注重要的节日和时间节点

节假日具有非常性、反常规、突发性的特点，历来是商家和自媒体营销借势的热点，不可错过。

7. 借用问答平台

积极利用知乎、分答等互联网问答平台，搜罗同自己领域相关的关注度较高的问题，也能够踩中热点，获得不错的选题素材和灵感。

第9招 借“三段式结构”打造爆款视频

你的视频之所以没有粉丝关注，是因为没有章法。

爆款视频（指人气很高的视频）之所以能引爆粉丝注意力，是因为它们有内在的套路。

爆款视频经常会采用的一个套路，就是遵循独特的视频框架结构——三段式结构。

如今，人们的注意力已经被大大分散，如果没有特别的东西抓住他们的眼球，那么大多数人对你的作品只会匆匆略过。

而三段式框架结构策划，已经被证明能够得到更多的流量和曝光，三段内容分别是：

1. 开篇导引

抖音视频只有短短 15 秒，开头导引极其重要，它直接决定能否吸引住观众的注意力。那么，如何做到在开头三五秒内就能吸引住观众呢？这就要充分抓住受众的痛点或兴奋点，去分析让受众痛苦的问题所在，或是分析能够让他们兴奋的兴趣点所在，将这些要素呈现出来，他们就有兴趣观看下去了。

2. 核心内容逻辑化

大家的眼球被吸引之后，切忌毫无重点地讲一大通，而应将主题内容条理化、逻辑化、列表化、步骤化，让用户轻松接受，这样才能引导他们将视频耐心看完。

3. 证明收益 + 行动号召

最后一步是证明收益，即大家能够得到什么实惠、价值，什么问题能得到解决，或得到什么愉悦、回报。在此基础之上才是行动号召，即需要粉丝看完视频之后做出什么行动——点赞、评论、关注、私下交流等。

如果你按照这种框架结构去组织内容，你会发现你的视频会比以前带来更多的粉丝，看下面一个案例（见图 9–1 和图 9–2）：

这条视频内容很简单，只有简单几句话，但却巧妙利用了“三段式”框架结构，简单却有效！

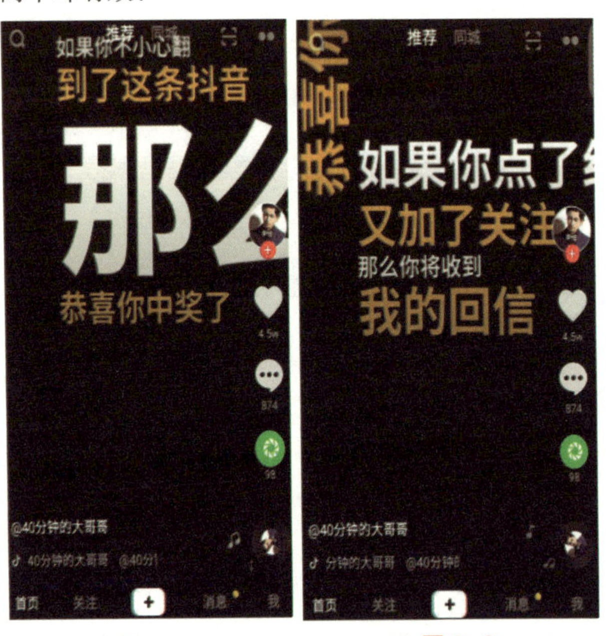

图 9–1　　图 9–2

第一部分：如果你不小心翻到了这条抖音，那么恭喜你中奖了（开篇引导，吸引大家注意）；

第二部分：如果你点了红心又加了关注（核心内容简单呈现）；

第三部分：那么你将收到我的回信（证明收益）。

做出差异化，拍出稀缺感

移动互联网时代，是分众的时代。

从用户角度看，他们的诉求变了，眼界提升了，越来越喜欢追求差异化、个性化的内容，而排斥千篇一律的标准化、统一化。

从抖音运营角度看，模仿、搬运固然也能引来流量，成为热门和爆款，但不利于打造垂直领域的个人 IP。

只有做出差异化，做出稀缺感，做出唯一性，你才具备核心竞争力。

如何做出差异化呢？我们知道不管什么行业，要想完全比竞争对手做得好是很难的，但如果做得跟竞争对手不一样，就相对比较容易。一旦做到不一样，做出差异化，我们的竞争优势也就出来了。举个简单的例子，你是苹果，我就是梨；你是梨，我就是香蕉，反正就是要和你不一样。不一样，就没得比较，没有比较就没有竞争。

做出差异化的核心要点是——不断切割、不断细分。看一个案例（见图 10-1）：

图 10-1

这可谓是最好的差异化定位教材——普通飞机舱视频不够稀缺？那我拍驾驶舱！驾驶舱也很常见？那我更进一步，再细分，拍女飞行员。

这样，差异性有了，稀缺感也有了。

其他领域也是一样的操作思路，不断细分，或是跨界。

第11招 选择自带流量的热门题材

有不少抖音作者都抱怨，自己辛辛苦苦拍摄的视频，上传后却如同石沉大海，只有屈指可数的点赞和评论，积极性备受打击。

不能否认这些朋友的用心，不过他们很可能错在了第一步——选题上。

如何讨巧地选择一些自带流量的热门选题，是抖音创作者的一项基本功，运用得当，能够收到事半功倍之效；否则，很可能会事倍功半，一步错步步错。

那么，抖音视频如何从选题中来获取流量呢？可从以下几种自带流量的题材中进行选题：

1. 迎合抖音热门

据统计，抖音热门内容主要有以下几类：

图 11-1

在前期内容定位和选题策划上，如果能迎合以上热门领域，那么意味着作品将会获得更多的推荐机会，得到更多的流量。

2. 积极参加抖音的话题挑战

抖音平台会设置一些话题挑战，鼓励用户积极参与，跟拍创作。参加这种活动，一来解决了选题的问题，二来此类视频可以得到抖音系统的优先推荐。

3. 学会蹭热点

蹭热点是做自媒体内容一个老生常谈的话题。在短期内，大家的注意力会被一两个热点话题吸引住，忽略其他本来也很重要、很有趣的信息。换言之，其他信息都被热点给盖过了，被大家自动过滤掉，比如重大节日或重大事件。热点蹭得好，你的视频就会成为用户的关注焦点。所以，如果你暂时没有好的选题，那么不妨搜罗一下当下的热点话题，找到切入点，搭个顺风车，从热潮中分一杯羹。

如果自己是某垂直领域的细分类型，那么选题要符合自己的大方向。

蹭热点引流涨粉

这是一个注意力稀缺的时代，信息是过剩的，注意力资源是有限的。所以，人们总是优先去关注那些热点新闻、热点事件，总是被热门话题吸引眼球，带走注意力。

因此，“蹭热点”也就成了一种常见的营销引流方法，在抖音上利用热点来“蹭粉”也是一种很有效的引流方式。

2018 年 10 月 16 日，娱乐圈两大明星冯绍峰和赵丽颖官宣结婚，这显然是一个热点事件，一些嗅觉灵敏的抖音账号就搭上了这趟便车，我们来看两个案例（见图 12-1）。

这两个小视频蹭热点的模式如出一辙，内容制作方式也完全一样，将搜集到的热点事件明星照片以幻灯片的形式呈现出来，配合以简单的文字祝福。热点带来的流量是惊人的，分别获得了 50 万 +、将近 20 万条赞。

图 12-1

靠热点来“蹭粉引流”，看似简单，其实很有讲究。

1. 追热点务必要快

热点具有时效性，在短期内，大家的注意力会被一两个热点话题吸引住，忽略其他本来也很重要、很有趣的信息，但很快旧的热点就会被新的热点所取代。通常，热点发生后的1小时内被认为是蹭热点的黄金期，12～24小时则是“废铁期”，公众的兴趣已经大大降低。

图 12-2

蹭热点的及时性表现在三个方面：

（1）快速了解：快速了解“热点”

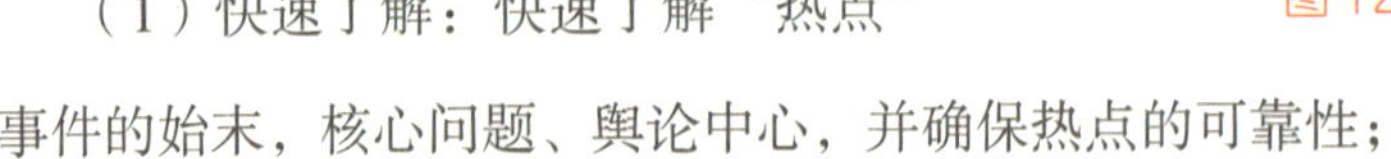
事件的始末，核心问题、舆论中心，并确保热点的可靠性；

（2）快速融合：即结合热点快速策划、制作内容；

（3）快速传播：快速上传视频，吸引大众视线与话题，抢占流量。

2. 不要轻易站队

很多热点，尤其是存在冲突和争议的热点事件，在不知道还有什么内幕，不清楚什么时候会反转的情况下，万一站错了队，对个人形象会造成较大的负面影响。尤其是一些娱乐热点，万一两方粉丝开战，如果选择站了其中一方，另一方就会让你知道什么是粉丝的杀伤力。

3. 互动性要强

简单来说就是能够产生话题感，让粉丝积极参与。热点信息本身就具备“用户参与感”，蹭热点也必须充分考虑用户参与感，让受众愿意将你发布的内容当作话题，并愿意参与互动，那么蹭热点引流才能算成功。

4. 热点三不蹭

不是所有的热点都可以拿来进行借势营销的，以下三种热点轻易不要碰：

（1）不要借负面的热点。杜蕾斯的新媒体负责人就曾发微博表示不会去做任何关于负面内容的营销。

（2）不要借有争议的热点，因为有争议的热点一般很容易反转，这就会让站队发声的自媒体很尴尬。

（3）不要借天灾人祸型的热点，容易触犯众怒。

抓住受众的情感需求

爆款，是众星捧月的关注热点，是流量和人气的代名词。

如何打造爆款视频呢？最好的办法是抓住受众的情感需求，触动他们。

1. 让人一见倾心

简单来说，就是一切看颜值。赏心悦目的美女和帅哥（见图13–1和图13–2），永远都能靠外表吸引力，抓住受众的眼球，让大家一见倾心，成为爆款的可能性会极大提升。如果你具备这种先天条件，或者能够调动这类人为你服务，就大胆秀出来吧。

图13–1

图13–2

2. 让人开心

清风抚杨柳，请问是抖友？大部分抖友的追求其实很简单，能让他们开心一笑，就算得上是成功了。搞笑类视频，适用于绝大多数抖友，这类内容也容易出现爆款。

这类视频的制作，也是功力的展现，考验的是创作者的“策划力 + 剧本力 + 表演力 + 表情力”，总之，要想方设法把观众逗乐。

3. 让人由衷佩服

让大家由衷佩服，发自内心而叹“服了”和“给跪了”的视频，基本也就成功了。它的卖点是稀缺性与高难度的技能及专业，是大部分人做不到甚至见都没见过的情形，因此，看客愿意给予点赞、评论，以示鼓励、佩服。看看右面的图片（见图 13–3），就属此类。

这个视频也能给我们以启发，类似这种让人惊叹的爆款素材，有时未必要自己去原创，如果你有一双善于发现的眼睛，有随时准备捕捉爆款素材的心态，那么爆款离你就不远了。

让粉丝发自内心佩服的多是技术流

图 13–3

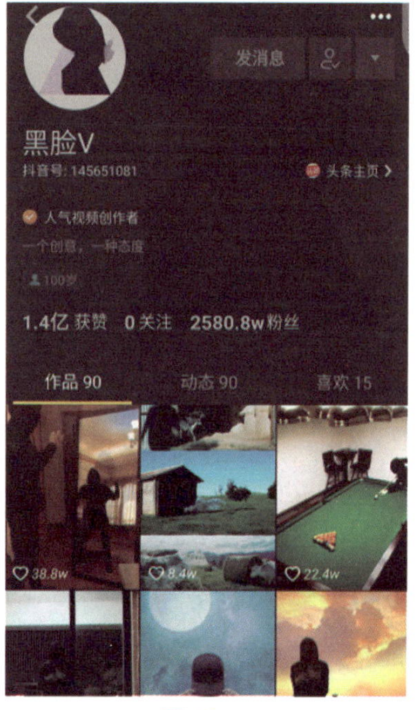

图 13–4

选手，比如抖音超级网红“黑脸 V”。其特点是从来不露脸，而是凭借各种特效炫技来“吸粉”，是抖音上的技术流选手，才华横溢，又带有一丝神秘色彩，是众多抖音爱好者所膜拜的大神级网红，拥有超过 2500 万的粉丝（见图 13–4）。

4. 引起情感上的共鸣

什么样的内容，能够引起大家的共鸣？能够让他们感同身受、说到他们心坎里、直击心理弱点的视频，比如，抖音上有很多“80 后已经老了”的视频，内容很简单，计算出各个年龄段 80 后的实际年龄，再配合悲怆的音乐，很容易让人动容。再看一个案例（见图 13–5）。

图 13–5

该视频的内容为“父母离婚，孩子被判给爸爸，高二男孩得知消息的一刹那，不顾一切狂奔试图追回妈妈”，让人泪奔。该作品就很好地抓住了大家心理上的弱点，引起了情感上的共鸣。

因此，我们创作内容的时候就可以抓住这个关键点，把我们生活中遇到的事情用视频的方式演绎出来，让观看者觉得这就是我们平时生活中遇到的事情，因为大家在看内容的时候也是希望能够找到一个和自己有共鸣的作者。

让视频充满“魔性”

不疯魔，不成活！

抖音本就是一个充满魔性的视频平台，上面有很多古怪又不乏趣味，看起来奇怪但又莫名带感的作品。这类魔性小视频，开始可能并不为大家所接受，但经过一段时间的适应，再到习惯成自然，最后会瞬间启动洗脑模式，具有强烈的感染性。

魔性小视频具有黏住用户的魔力，让用户欲罢不能，显然是引流之上选，模型视频，往往具有特殊属性（见图14–1）。

图 14–1

如果作品能将以上某个元素做到极致，就会成为一条充满魔性的小视频。拥有超过2000万粉丝的“代古拉k”就是凭借舞蹈走红抖音，她的成名作是其标志性的“甩臀舞”（见图14–2），配合标志性的笑容和魔性的背景音乐。该视频爆红抖音，获得了上亿的播放量，超过1000万的点赞，属超级爆款，是抖音上难以逾越的神话。

即使不具备上述能力，最后还有简单一招，就是利用快节奏的镜头、图片切换，或快速的语音，来营造让受众应接不暇的快节奏，眼花缭乱之余就会着魔。

图 14-2

找到女性粉丝的痛点

抖音用户画像显示：男女用户比例为 4∶6，即 60% 的抖音玩家都是女性。同时，女性的消费能力较强，是当今社会的消费主力军。

因此，女性粉丝历来都是网赚人士的最爱，她们有消费冲动且有消费能力，变现潜力大。所以，相对其他粉丝群体，女性粉丝的价值一直居高不下，甚至一些圈子里每天都有人在收购女性粉丝，女性粉丝成了稀缺货源。

引流女性粉丝，要学会换位思考，从女性的角度出发，了解女性群体爱看的内容，比如情感类、美妆类、服饰类、减肥类等题材，都是女性喜欢关注的内容。另外，由于女性比较感性，也可以从这个角度切入来选题。至于视频的素材来源就很多了，网络上各类资源可以说是浩如烟海，各种付费的、免费的素材都可以拿来为自己所用。

图 15-1

更重要的是，要学会在视频中表达出你要表达的核心讯息，击中粉丝痛点，与她们产生共鸣，从而引起对方的强烈兴趣。来看一个案例（见图 15-1）：

图 15-2

这是抖音号“涂磊谈情说爱”发布的一条视频，核心是讲什么是好的感情——好的感情，就是不管怎么吵怎么闹，到头来谁也离不开谁！切中了广大已婚人士的痛点，尤其是女性粉丝，让大家深以为然，我们看到涂磊的粉丝中确实以女粉丝居多（见图 15–2）。

而对于未婚女性，除了以上热门题材外，还有一类是很受欢迎的。抖音热门视频中有一个门类为“撩妹撩汉视频”，对这类女性而言，就是撩汉视频了。这类内容完全击中了年轻女粉的心理，好奇，新鲜，同时也是自身的一种切实需求。做法也很简单，视频内容就去网上或书店找相关内容进行参考后创作。

还有一种小视频能够有效吸引女粉丝关注，就是占了很大流量的“小鲜肉”群体。如抖音红人张欣尧，有超过 1100 万的粉丝，是一名可爱的 90 后小哥哥，会跳舞长得帅，他的笑容极具感染力，仿佛他一笑女粉丝的整个世界都亮了。如果自己本身不具备这种外形条件，那我们也可以去找愿意出镜的“小鲜肉”视频进行上传。

第16招 利用“异性相吸”法则吸引男性泛粉

男人喜欢美女，女人喜欢帅哥，这是亘古不变之规律。

同性相斥、异性相吸的道理大家都懂，因此可以适当利用异性相吸的法则来吸引男性粉丝。借助这种方式，虽然谈不上吸引多精准的粉丝，但男性的“泛粉”还是很好获取的，毕竟这个时代，充满美感的照片和小视频就能引流过来大量的人。

那么，如何吸引男粉呢？

先搜集大量的异性视频、照片和其他相关素材，素材搬运之后需要将素材视频进行加工处理。

素材的选择只是一项基础性工作，如何以独特的视角呈现出来，考验的是创作者的审美能力和选题策划能力。

话说回来，分享此类视频时要注意把握尺度，千万不要跟低俗挂钩。

第17招 制造紧张感让宝妈路转粉

日前，某电商网站发布了一份大数据排行榜，投资人心目中消费投资市场价值和消费能力从高到低依次为（见表17-1）：

表 17-1

第一名	少女
第二名	儿童
第三名	少妇
第四名	老人
第五名	狗
第六名	男人

这个排行虽然有某种程度的戏谑成分在内，但也充分体现了目前消费市场的特征：女性已经成为主流消费力。

前文我们提到女性粉丝是高价值粉丝，不过，做过产品销售的人都知道，有两大类的产品最好赚钱，其中之一是跟女人相关的产品，另外一个是跟孩子相关的产品。在整个消费市场上，这两类消费群体占据了很大的份额。而这里还有一个群体，能将这两个群体都囊括进来，那就是“宝妈”群体，对比上表，也可以看出，“宝妈”有时候涵盖的不仅是“儿童+

图 17-1

少妇”这两个群体，甚至还包括后面的三个消费群体。这也是“宝妈粉”受到很多自媒体人重视的原因之一。

什么样的视频对“宝妈”群体最有杀伤力呢？来看一个案例：

视频的内容很简单，“语音 + 文字滚动”，制作起来也很简单，但其对用户尤其是“宝妈”用户的杀伤力却不简单，称得上是重磅武器。注意其标题“摧毁孩子的五大致命点”，详细内容为：想毁掉自己的孩子，怎么做最见效呢？具体方法有这样五条……

首先，标题已经充分抓住了用户的眼球，同孩子有关，还有“毁掉”的字眼，“宝妈”们会睁大眼睛看下去。接下来她们会用视频中提到的要点逐一对照，结果惊恐地发现说的完全就是自己。此时，她们的本能做法是什么呢？不是点赞，也不是评论，而是赶紧收藏、关注。

因为，短短 15 秒的时间，一般人是记不住全部五个要点的，但如果不做一些动作，比如关注、收藏，就会害怕之后需要时找不到、害怕会失去，其深层次原因是害怕自己的做法会真的毁掉孩子。

这类视频的高明之处在于：

第一，提炼粉丝群体的共同痛点；

第二，尽可能以夸张、危言耸听的形式呈现出来；

第三，给粉丝制造紧张感，让他们感同身受，主动关注。

第18招 备注“有关必回”

抖音上的关注与被关注是相互的，自媒体希望被关注，而粉丝同样希望感受到来自关注对象的互动。如果能收到一些来自大V（指在平台上获得个人认证，拥有众多粉丝的用户）、明星级的作者的回复，他们会很兴奋，即使是收到一些普通作者的回复，粉丝们也会小激动一下，这是人之常情。

图 18-1

相反，如果长期的关注、评论一直得不到回复，那粉丝就会很失落，在一些视频的评论区，我经常会看到类似的评论——“回复一下呗，再不回复就取关了”。这正是粉丝此类心理的反应。

针对这种问题，除了要注意评论区的互动之外，还有一个小技巧可以大大增加粉丝的好感，吸引更多关注。

答案就是简单的四个字，注意图片中的“有关必回”（见图 18-1），不要小看这四个字，统计显示，它会大大提高关注率。道理不难理解，在同样内容的视频中，简单的四个字能够大大拉近同粉丝之间的距离，给人最大限度的善意和好感。

传播正能量

正能量，是抖音爆款视频的一个大类别。

正能量视频释放的是善意，而善意是一种美好的精神抚慰剂，有助促进社会良性精神的传扬，让受众更清明、更坦荡、更快乐。调查显示，关于“向陌生人传递正能量有何意义”的访问，61.7% 的受访者表示可以“唤醒人们心中的善意，减弱身上的戾气”，50.0% 的人表示可以“增加对陌生人的信任感，待人处事变得轻松”，48.6% 的人认为“可以增加生活的幸福感”，47.0% 的人认为会“降低社会成本”。

图 19-1

大众对于正能量的这种普遍正面性认知，恰恰是抖音正能量题材赖以火爆的群众基础。大数据统计信息显示，抖音平台上最能吸引用户点赞的题材，也是正能量题材。

图 19-1 所示的短视频是抖音上的一个经典爆款，内容是一段监控视频的截图，一位白发老奶奶在斑马线上过马路，路过的车都没有让行，最

后只有一辆小黄车出来横在马路中间，挡住过往车流，让老人安全通行。结果，这个正能量的小视频获得了一千多万个赞。而该视频的发布者“浙有正能量”更是拥有三百多万粉丝（见图 19-2），累计获得两亿多个赞，正能量题材的引流和集赞效果可见一斑。

图 19-2

其实，我们身边就有很多正能量素材，用心去挖掘的话，小视频素材的来源就永远不会枯竭。

最常出现正能量行为和话题的群体有哪些呢？主要有医护人员、警察、教师、学生等，多去观察这些人群，搜集相关信息，就能够发现很多正能量素材。

最能体现正能量的行为有哪些呢？勇于救人、自强不息、孝敬老人、诚信敬业、伸张正义、敢于承担责任，都是永不过时的正能量表现。

当今社会，传递正能量的方式和形式越来越多。比如，正能量可以是夫妻恩爱、家庭和睦表现出来的幸福感，可以是投身公益服务社会的责任感，也可以是坚韧不拔、顽强拼搏的意志力。不同角色的社会人都在用自己的方式传递着这种正能量，将其记录下来，以短视频的方式传播出去，就是潜在的爆款。

冠以“最美”吸引注意力

2018 年，湖南最美高速收费员由于长相漂亮，笑容甜美，在抖音和今日头条平台火了，在百度上搜索“最美高速收费员”，会出现将近 30 万条搜索结果。

抖音上关于最美高速收费员的视频也有很多，几乎都是爆款，而最美收费员莉琴本人更是一跃成为抖音网红，有一百多万粉丝（见图 20–1 和 20–2）。

图 20-1

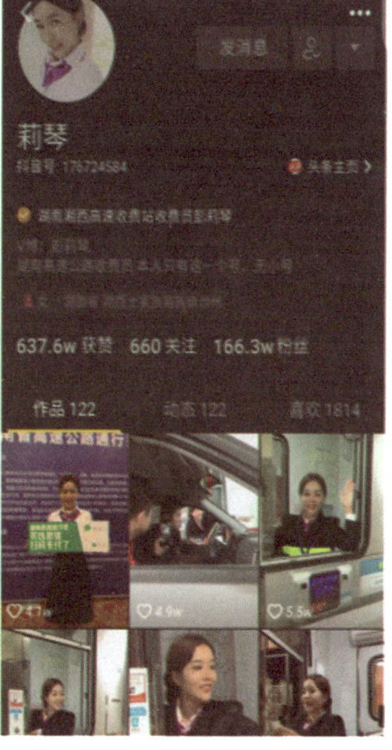

图 20-2

最美元素，同正能量一样，向外界传达的是真、善、美，容易得到关注和认可，是一个比较好的抖音选材方向，抖音上此类用户有很多（见图 20-3）。

最美，可以是长相。比如“最美护士”“最美妈妈”“最美小姐姐”“最美警察”“最美司机”“最美教师”等。

最美，也可以是心灵美、行为美。比如“最美快递小哥”“最美士兵”等，他们高尚的职业操守和良好的道德水准，都可以是最美的取材方向。

图 20-3

最美，也可以是事物。比如，“最美中国字”“最美中国诗词”“最美中国画”“最美图书馆”。

最美，也可以是行为。比如，“最美好声音”“最美舞蹈”“最美穿搭”。

第21招 巧设选项，引导评论

缺少评论区的抖音，是没有灵魂的！

有用户这样形容刷抖音的正确姿势——

“抖音最好玩的打开方式是，边观看视频，边刷评论。”

评论是抖音社交属性的重要构成，也是提高粉丝黏性和互动的重要元素。

举个例子（见图 21-1）：

这是一个户外蹦极的案例，特别之处在于蹦极者是一名舞蹈教练，因此蹦极的过程中就会从容一些，姿态也更优美。

来看下面这条精彩评论：

图 21-1

图 21-2

注意，这条评论本身又获得了 1.7 万个赞，给小视频带来了巨大的流量和互动，这正是我们要达到的效果。

那么，除了内容本身的差异性和亮点之外，如何来引导粉丝进行评论呢？

这里有一个小技巧，可在视频中设置选项，引导粉丝进行选择。我看到过这样一条视频，提到了 5 个当红的女明星，且在视频字幕上让用户去选择。结果，可想而知，不同的明星有不同的粉丝群，各自的粉丝为了维护自己的偶像，就会积极回应，或是攻击对方。因此，这个视频的评论量要远远高于普通视频。

图 21-3

对粉丝的引导，有时不必太直白，来看一个视频截图（见图 21-3）：

这条视频中，虽然没有引导性的文字，只是安排了六名身材高挑的美女，但接下来粉丝应当怎么做，已经不言自明，赤裸裸地引导。

看评论区的互动结果（见图 21-4），毫不意外。

一个小小的技巧，制造了这条约 137 万个赞、9 万条评论、11 万个转发的爆款视频。

图 21-4

直接模仿爆款

模仿是抖音的灵魂，玩过抖音的朋友都知道，在该平台上一旦出现了一个爆款视频，就会引来大家的争相模仿（见图 22–1）。

抖音上搜索这类视频，会发现有很多不同的版本，核心内容一样，都是在模仿爆款，其实大家已经不是很关注谁是第一版了。出于引流和吸粉的考虑，这种做法无可厚非。而且，直接模仿爆款，再度创造爆款的概率是很大的，甚至后来居上也不是没有可能。

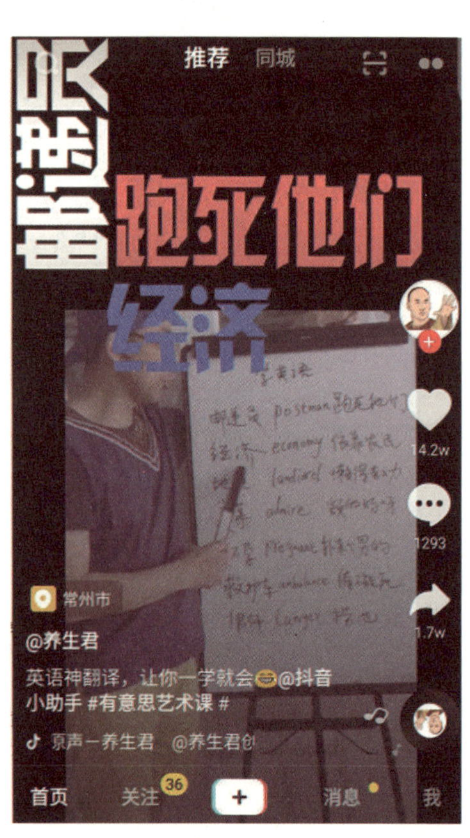

图 22–1

模仿爆款，其实不难，方法如下：

首先，要去分析爆款的属性，找到爆款的驱动因素。抖音爆款无外乎以下几种类型：

1. 流量驱动型

抖音大号本身有大量的粉丝，那么他们发布的视频成为爆款的可能性就比较大。如果不具备相应粉丝基础的话，这种爆款要慎重模仿。

2. 内容驱动型

这种爆款占大多数，好的内容始终是王道。具体要分析爆款视频爆在何处，是创意、内容本身、节奏感还是配音？这样才能有针对性去模仿，将有限的资源用在刀刃上。

3. IP 驱动型

即发布者本身是明星、网红、大 V 等有着明显 IP 属性的人物（IP，即 intellectual property，就是知识产权。具备明显 IP 属性的人物通常会包含五项基本要素：核心价值观、鲜明形象、故事、多元演绎与商业变现）。他们通常拥有一批铁杆粉丝，无论发布什么内容，都能给推到爆款。这类视频最难模仿，除非你本身具备 IP 标签。

结合自身优势和所掌握的资源，对准爆款中自己最容易撬动的火爆元素用力，方能四两拨千斤，制造新的爆款。

做节奏快、道具精、卖相好的技巧类视频

生活窍门类视频是抖音平台火爆题材的一个细分门类，抖音上，这类关键词、作品和账户有很多，粉丝量也很可观，容易出爆品（见图 23-1 和图 23-2）。

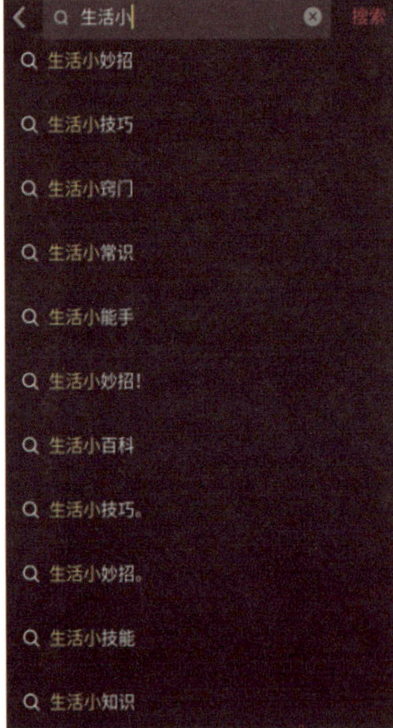

图 23-1

图 23-2

制作类似视频，要先解决创意和素材的问题，该类资料在网络上几乎称得上是取之不尽用之不竭，利用好各种网络搜索工具和其他相关领域的自媒体资源即可。尤其在搜索引擎上，以百度为例，有大量的相关搜索关键词（见图 23–3）。

相关搜索		
生活小窍门100妙招	生活小窍门视频	生活妙招3000例
生活妙招废物利用100招	生活技巧小妙招吗	关于生活的小窍门
生活小妙招大全	实用生活小窍门大全	厨房生活小窍门100妙招

图 23–3

具体在视频内容的制作上，要确保做到三个关键点：

1. 节奏要快

抖音视频内容大部分只有短短 15 秒，应以最快的节奏和镜头切换将视频完成。制作者手法要快，干净利落，不拖泥带水，才能给人以赏心悦目的观感。

2. 道具要精

上镜道具的选用尽可能精美、精致，以给观众带来良好的视觉冲击和视觉效果。抖音上类似的小视频有很多，真正能脱颖而出的一定是那些精工细作的佳品。

3. 卖相要好

生活窍门、技巧类视频，完成不是目的，应当做到充满艺术性地完成，作品卖相要足够好，让粉丝为之陶醉、惊叹，这样的视频他们才愿意欣赏、收藏、转发。

第24招 发起话题

抖音有话题功能，当某个话题火了之后，就会引起大家的竞相模仿跟拍。这种话题都是人为发起的，而每个抖音用户都可以发起话题。

如果某个话题能在抖音平台上被炒火，显然话题的发起者也是最大的受益者之一，能带来可观的流量和关注，被大家模仿、跟拍，甚至是合拍，曝光度大大增加。同时，火爆话题的发起者也能获得抖音平台的注意和资源倾斜。

也就是说，如果你想让某首歌、某个段子、某个舞蹈、某个元素，包括某个品牌、某个产品、某个影视剧火起来，都可以通过发起话题的方式来炒作引爆。

话题的添加也很简单，我们看一下抖音视频拍摄完成之后的发布界面（见图24-1）。

图 24-1

找到“话题”，点进去（见图 24–2）。

图 24–2

根据视频主题，添加相应的话题，发布即可。需要注意的是，话题描述要做到足够细分、足够精准，不要用范围太大的话题，要区别于已有的话题。

满足女性观众的爱情幻想

先看一个案例（见图 25-1）：

视频内容非常简单，没有高大上的拍摄技巧，只是用手机对着卡通图片的简单拍摄，甚至镜头还有些晃动，但这不影响它成为爆款。该作品的数据表现是惊人的，将近 40 万个赞，近 3 万条评论，近 4 万个转发。

图 25-1

这个视频选题非常精妙，妙就妙在它击中了女性粉丝的软肋和痛点，同时又满足了她们对爱情和恋爱对象的美好向往——无论发生什么，爱人都对自己不离不弃。而且，还留了一个容易引起大家讨论的标题——“你会不会放手”。

相信每个年轻女性都一定这样幻想过：有那么一个人，在某个地方，等着在爱神的召唤下，同自己在茫茫人海中相遇相爱，不离不弃，两人一起走完幸福之路，一起慢慢变老。正如西方牧师在婚礼上经常提起的那个问题：“无论富贵贫穷，无论健康疾病，无论人生的顺境逆境，在对方最需要你的时候，你能不离不弃直到永远吗？”

该视频无形中讨好了抖音最大的用户群体——20 到 24 岁的女性用户。

还记得前面提到的抖音用户画像吗？抖音 85% 以上的用户年龄在 24 岁以下，女性用户占 60%，大部分为一二线城市人群，学历层次较高，多在高中到大学本科中间。

这部分用户恰恰是最向往爱情的人群。如果你能够满足她们对爱情的幻想，在感情题材上做文章，选用一些催泪的故事、图片、段子，这个领域的素材简直浩如烟海，利用好了，何愁无爆款？

利用热门游戏上热门

游戏类视频，是抖音上一个比较大的门类，专门做游戏视频的抖音大号有很多，且都有可观的粉丝量（见图 26-1）。

游戏类视频，关键在于选材：

1. 选热门游戏

热门游戏玩家多，粉丝基数大，容易成爆款，比如《王者荣耀》《绝地求生》以及一些“吃鸡”类手游等，可选择一些游戏中的精彩瞬间来分享，当然，如果是资深游戏玩家，也可以分享一些玩法攻略。

图 26-1

2. 选一些好玩的小游戏

这类游戏要注意这样几个关键词：偏门、好玩、简单。大家都知道的就没必要分享了，不为人知且有趣，才能引起注意。

3. 真人互动类游戏

可以设计一些诸如合拍、各

种小姐姐小哥哥互动游戏等，会让已经不再满足网络虚拟游戏的用户眼前一亮。

4. 魔性奇葩类游戏

顾名思义，这类游戏较为奇葩，比较魔性，比如，《不要停！八分音符酱》《最囧游戏》《旋转舞姬》等，由于其玩法和内容比较另类，所以比较搞笑，也容易在年轻受众中传播，玩的就是出奇制胜。

如何做视频的搬运工

做抖音引流，有两种方式：第一种是做原创视频；第二种很简单，就是做视频的“搬运工”，快速制作视频。

搬运视频的质量也可以很高，并不一定差于原创内容。搬运视频有其自身的优势，有很多费时费力制作出来的原创视频，其引流效果可能还不如后者。

当然，有条件原创的还是尽量去原创，形成差异化内容竞争优势。账号运营前期，出于成本和粉丝积累的考虑，可以采取视频搬运的方式进行内容输出；后期则尽量通过原创走上正轨，打造真实的人物 IP。

1. 视频素材来源

可以去快手、美拍、秒拍、火山小视频等短视频平台寻找一些适合自己的内容，也可以去微博找一些图文素材，直接搬运过来。比如做女性流量的抖音账号，就可以针对性地去搬运一些美甲、美发、化妆或服装搭配类视频。要注意的是，尽量不要去搬运那些同行大咖的内容，容易被识别出来。

2. 视频去水印

搬运来的视频，有水印的首先要去掉水印，可借助爱剪辑等视频软件来进行。

3. 修改 MD5 值

MD5 参数称得上是视频的身份标记，如果不做修改就上传可能会被系统检测到重复，也就无法上热门。修改过 MD5 值后，视频就摇身一变成为“原创”视频了，能够获得更多的推荐量。

MD5 值修改软件、工具有很多，可以根据自己的使用习惯下载一个。

4. 修改视频帧率

动画和视频，都是由“帧”组成。何谓帧率？即一定时间内播放的帧数量。

建议可以用“狸窝”全能视频转换器来对视频的帧率进行修改，一般是调整到 30 帧 ~ 60 帧之间，也可以利用爱剪辑、会声会影等视频剪辑软件将视频简单地剪辑一下（如加水印、裁剪画面、截取片段等）。这样不仅帧率变了，还能同时改变视频的 MD5 值变，可以更有效地通过系统的智能审核和人工审核。

5. 掐头去尾

搬运过来的视频，还要做掐头去尾处理，尽可能抹去搬运痕迹。掐去之后，还要补上片头片尾，加入自己的元素，同时让视频更完整。

通常，如果是品牌视频，片头可以放一些品牌信息，片尾添加一些引流、引导性内容；如果是普通视频，可以在淘宝上买一些片头，植入进去，这类卖家有很多（见图 27-1）。

图 27-1

打造个人 IP

抖音的视频内容需要领域垂直么?

内容肯定是越垂直越好，越垂直的内容，未来的变现价值越高。

抖音自媒体的运营都绕不开垂直领域这个话题，抖音官方指导里也明确推荐新用户做垂直领域的内容，这样也可以得到更多的推荐，获取更多的收益。

所谓垂直领域，通俗地讲，就是抖音平台已经做好了搭建工作，各类自媒体用户只需要在平台分类出来的某个领域做深度挖掘和内容创作。换句话说，就是平台负责做大做强，自媒体负责做细做精。抖音搭台，你唱戏，唱出自己的特色与优势，这样才能让更多人认识你，关注你。

短视频，可分为泛娱乐性和垂直性两大类。泛娱乐性短视频涵盖的领域较多，流量也较庞杂，但不够精准，变现能力较差，譬如很多娱乐搞怪类的视频。而垂直视频具有明确的行业指向性，譬如汽车、医疗、教育、美容、化妆等，由于定位清晰且专一，因此其粉丝也更加精准，潜藏着更大的商业价值。比如，图 28-1 中畅销书作家尹建莉运营的就是典型的亲子教育领域的垂直个人 IP。

如果具备条件，在某一领域比较擅长的话，我强烈建议大家做垂直细分领域，打造个人 IP 去吸引精准流量。

比如分享护肤经验、孕婴知识、教子知识等等，围绕细分领域甚至是特定的产品、服务去做视频，把自己的专业优势乃至提供的产品和服务同视频结合起来，只要你的视频制作得有内涵、有亮点，兼具知识性和观赏性，广告痕迹不重的话，那么精准流量就会源源不断自动找上门来。

图 28-1

做垂直领域，有几个关键点：

1. 找准垂直服务领域，明确目标群体

即结合自身优势，选择适合自己的垂直领域。

2. 发掘群体需求，提供精准服务

分析目标受众的需求和痛点，在此基础之上，策划内容和制作视频，有的放矢，效果更佳。

3. 不断精进试错，提升自身能力

根据运营效果及引流、粉丝反馈效果，不断调整策略，精进技艺，提升自身能力及短视频创作能力。

4. 与时俱进，紧跟热点爆点

专注做内容的同时，不要忽略同行和外界的动向，了解当下的热点和爆点，甚至引领潮流，制造爆点。

视频创作的 6 种定位方式

抖音的定位是“年轻人的音乐短视频社区”，入驻抖音平台，需要给自己做一个定位。首先不应该是视频细分领域的定位以及受众定位，而应当是以何种方式、以何种格调来做视频。

即确定自己视频内容的创作方式，这种定位同自身所掌握的资源、自身优势以及专业技能密切相关，如果不能找到最适合自己的创作方式，那么其他的定位都是空谈。依据对大量抖音爆款的研究分析总结了下面几种定位模式：

1. 拍自己

前提是自己要具有良好的外在条件，最好拥有逆天的颜值，就能以自己为卖点，无论怎么拍，都能靠颜值来吸引眼球。费启鸣是此类形象的代表，是抖音上最具知名度的网红之一，也是最早的一批网红之一，有人甚至称其为抖音上的一个景点。费启鸣出生于 1996 年，拥有 180cm 的标准男神身高，身材也很完美，颜值出众，属校园时代的校草标准，深受粉丝们喜爱，已吸粉接近 2000 万（见图 29-1）。

如果自身不具备这种条件，但能够调动其他高颜值的人为自己服务，也是可以的。如果这些条件都不具备，要有自知之明，不要勉强上镜，否则结果会很难堪。

2. 拍才艺

如果自己颜值不够出众，可以用才艺来凑；如果拥有一身逆天才艺，也可以弥补外在条件的不足，将受众的关注点转移到才艺上。“摩登兄弟”就是这类实力才艺组合，主唱刘宇宁，被人称为“宁哥哥”，长相帅气，唱歌好听，“明明可以靠脸吃饭，却偏偏靠才艺”，属于用实力圈粉。他们在抖音上有三千多万粉丝，几乎发的每一条视频，点赞量都很高，总点赞量高达1.8亿次（见图29–1）。

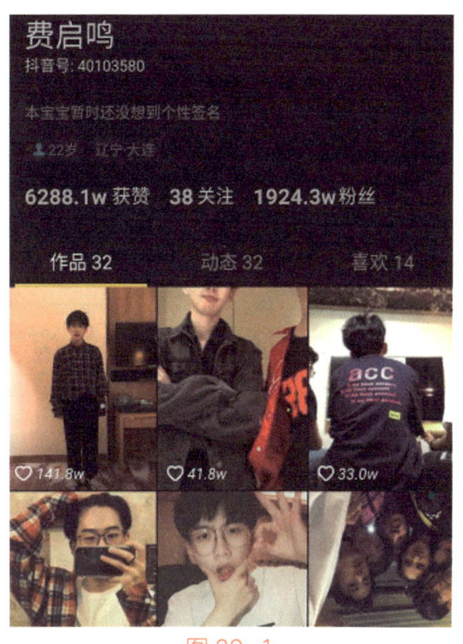

图 29–1

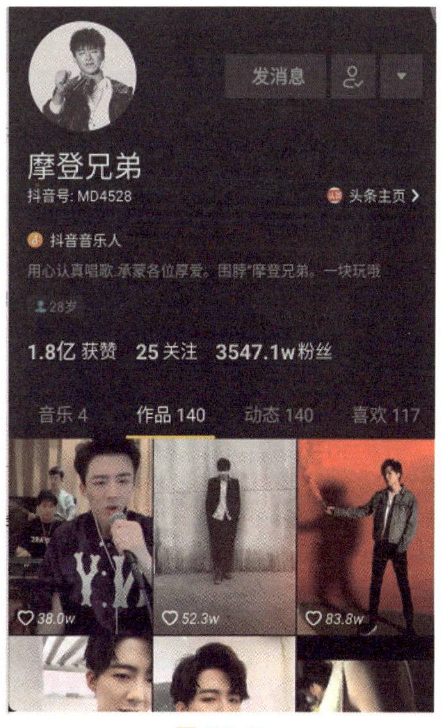

图 29–2

3. 拍搞怪

如果既没有外表，也没有才艺，那么还有没有上镜的可能？答案是有的。如果你能够抛开脸面，无底线地恶搞自己，也能凭借搞怪吸引一批口味独特的粉丝。

大V“狗达”（见图29–2）是此类的代表，他善于搞怪，很会耍宝，兼具颜值和才艺，每个视频都有让人爆笑的创意和亮点。

4. 拍创意

如果你有出色的内容策划能力和良好的创意，也可以将它们以视频的形式呈现出来。

5. 拍技能

如果自己动手能力比较强，可以拍一些小窍门、小技巧、小制作类的视频；对于专业性比较强的工种，也可以拍自己的工作；如果是稀缺工种，平时不为大众所了解的话，那效果会更好。

6. 拍声音

如果你的声音比较动听，比较有感染力，可以借助声音优势，结合高质量内容，拍一些语音类的视频。假如有其他特长，也是一样的思路，充分扬长避短，将它们展示出来。

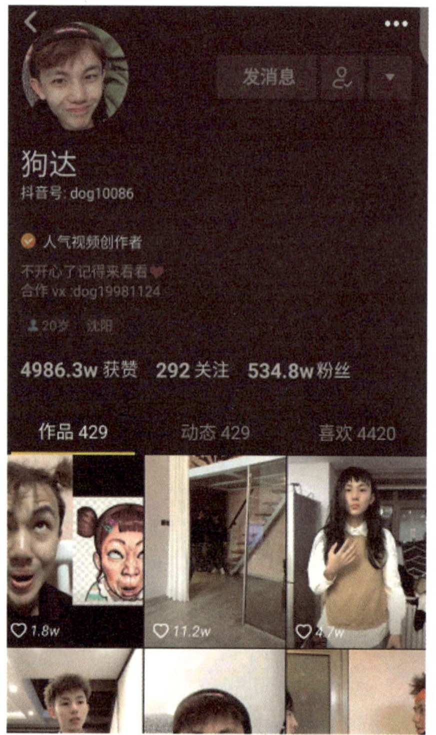

图 29-3

如果上述所有优势都不具备，怎么定位呢？那就去搬运，去模仿。

第30招 原创视频创作手法的多元化

上文讲了伪原创搬运视频的操作方式，很多人的思路也就局限于此，只会进行简单的混剪、拼凑、加头加尾，都是一种套路。

其实，在视频内容的策划和制作上，要打开思路，丰富视频的内容和形式。下面分享几个简单的视频制作方法：

1.“图片 + 音乐” MV

搜集一些精美的美女或风景照片，有短视频素材更好，比如瑞士小镇、德国乡村、日本农村风景照片等，插入背景音乐，制作成 MV 的形式，简单快捷，引流效果良好。

2. 策划怀旧式主题

举个例子，“怀念家驹，怀念经典，Beyond 与我们一直同在”，找一些家驹的照片，再配一首 Beyond 的经典歌曲，就是一个简单、富有情怀而有吸引力的怀旧小视频（见图 30–1）。

图 30–1

3. 情感、故事类短视频

这类主题素材更多，可以在一些情感、读书类电台、APP、音频平台上搜集相关语音、图片，组合起来也是一个不错的流量型选题。

4. 名人名言型视频

将名人语音、图片、文字等以不同的形式组合起来，可以巧妙借势名人的影响力，带来流量，制作方式简单。如图所示的案例就是这种操作模式，拥有三十多万名粉丝（见图 30-2）。

图 30-2

第31招 巧用错觉来拍摄

抖音上各类新奇视频争奇斗艳，寻常作品很难被热播，而利用错觉摄影法，则能够从视觉上传达出一种新奇的效果来。

拍摄错觉照片和视频是有技巧可循的。

1. 选择空旷的场景

错觉拍摄需要真实的场景配合，狭小的空间往往难以施展开来，因此要选择一些类似草原、海滩、天空、盐湖等较为开阔的场地，这样错觉效果才能更好呈现出来（见图 31–1）。

图 31–1

2. 利用距离差来制造误差

特定场地选好之后，最简单的办法是利用前后距离差来形成视觉上的误差，因为远处的东西显得比较小，近处的东西则显得大，利用这种大小、距离上的误差，就可以拍摄出错觉作品。例如图 31–2，图中的人位于较远的地方，而气球离镜头就比较近，显得比较巨大，这样错觉效果就有了。

图 31–2

3. 对焦点的选用

如果拍摄对象存在前后距离差，可将对焦点放在近处的拍摄对象上，近处的人物就会呈现一种夸张巨大感，否则就会显得很细小，形不成错觉（见图 31–3）。

一般常用的做法就是用前后距离的差距，来造成视觉的误差（就是所谓的远小近大原理），近处的人要保持固定的姿势，用手或者脚与另外一人的位置来制造错觉。

4. 利用拍摄器材的角度旋转

可以根据拍摄背景的情况以及想要呈现出的效果，来调整拍摄器材的角度，形成错觉（见图 31–3），可以上下、左右各种角度反转，需要拍摄对象在造型、表情上进行配合。

图 31-3

5. 借助道具

道具用好了，可以大大增强拍摄效果，我们身边的物件，如笔、气球、水杯和建筑物等，都可以拿来为我们所用，增加视觉效果，提高趣味性（见图 31–4）。

图 31-4

背景音乐的选择与使用

抖音，“音”占了一半，它最早的定位也是“年轻人的音乐短视频社区”，对抖音短视频而言，“音”是必不可少的。

给作品配上一段合适的背景音乐，不仅会让内容更丰富，同时也比较符合抖音的风格，比较讨喜。

抖音 APP 自带庞大的背景音乐库，且有搜索功能，大家可根据需求来选用（见图 32-1）。

图 32-1

关于背景音乐的选用，这里给出三条指导原则：

1. 配音要符合视频主题、场景

不同类型的音乐，会带给听众完全不同的感受。例如，快节奏的音乐会使人兴奋，慢节奏的音乐则会使人沉静，充满魔性的音乐则会让人神经质。音乐的选择除了要考虑个人好恶，同时还要严格贴合视频的主题、所处的场景，以及所要传达的情绪、意境。

2. 掌握好主次

背景音乐的设置，很重要的一点是不能喧宾夺主。背景音乐永远比主讲者的声音低一点，衬着托着，似有若无。当然，视频本身突出的就是音乐，再无其他配音的除外。

3. 紧跟潮流，使用爆款

抖音的火爆，也催生了很多爆款音乐。这类音乐有着良好的受众基础，可以直接拿来使用。比如《C 哩 C 哩》《海草舞》《醉赤壁》《我们不一样》《Panama》《Me Too》等流行音乐，以及“你得病的那一年”、“老公抱抱”等网络音频，还有一些充满魔性的笑声等音频，都具备有趣易传播的特质，能够达到引流的目的。

第33招 对人声的变声处理

外形出众、声音好听的抖音达人可以充分利用自身优势进行创作，那么自身条件较差者该怎么办呢？

比如声音不好听或者普通话不标准，应当怎么来做抖音视频呢？

我们可以通过一些变声软件来对声音进行处理。其实，很多需要个人配音的自媒体，都进行过声音处理，包括超级网红陈翔六点半、papi 酱等，其视频中呈现出来的人声都是经过处理的（见图 33-1 和图 33-2）。

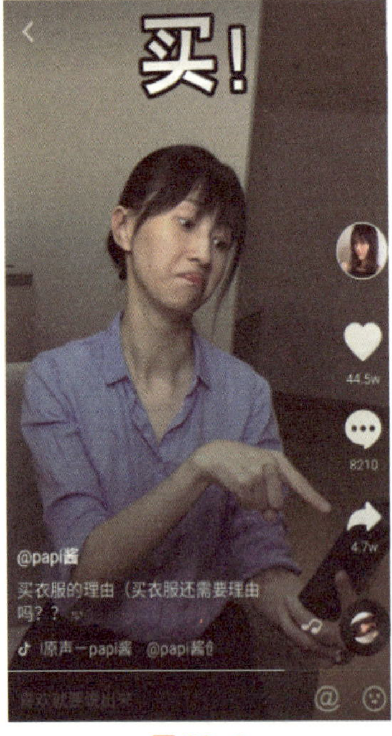

图 33-1

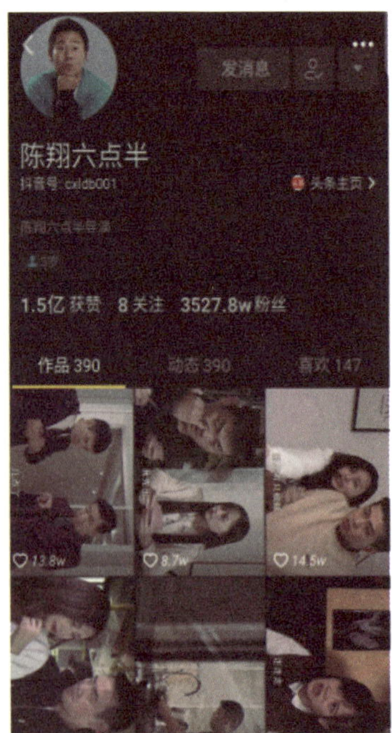

图 33-2

《陈翔六点半》拍摄的短片中，人物的声音都做过处理，也就是我们常说的变声。包括现在很多做自媒体电影解说的，很多人的声音都进行了处理。

之所以采取变音处理，很大一部分因素是由于《陈翔六点半》的演员大多是云南人，普通话不标准。

《陈翔六点半》最早播出的时候，人们总觉得声音怪怪的，有点小别扭，但是很新奇，很搞笑，慢慢的受众也就接受了，甚至最后还无心插柳柳成荫，这种另类的充满魔性的声音反而成为他们的一个标签，一个识别符号。

papi 酱的声音也一样，充满了魔性，暗合了这个时代的节奏和需求，也同抖音平台的气质相符。

所以，今天进行短视频创作，声音上的不足已经不是障碍，男声变女声，女声变男声，或者变成其他更加魔性的声音，从技术上讲都有了实现的可能性。

利用手机 APP 简单变声

简单的变音，在手机端就能实现。不过，抖音 APP 自身的视频录制功能并没有变音选项（见图 34-1）。

图 34-1

因此，我们需要借助第三方 APP 来进行变音，给大家推荐一个名为“B612 咔叽”的变音软件（见图 34-2）。

图 34-2

下载安装完毕后，进入应用界面（见图 34–3）。

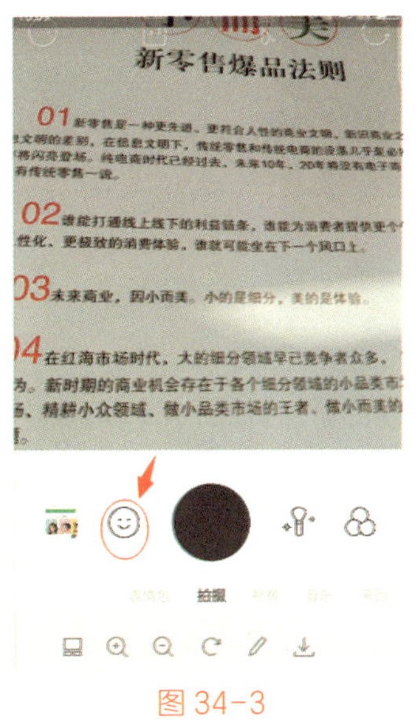

图 34–3

点击图 34–3 所示的笑脸图标，找到变音图标（见图 34–4）。

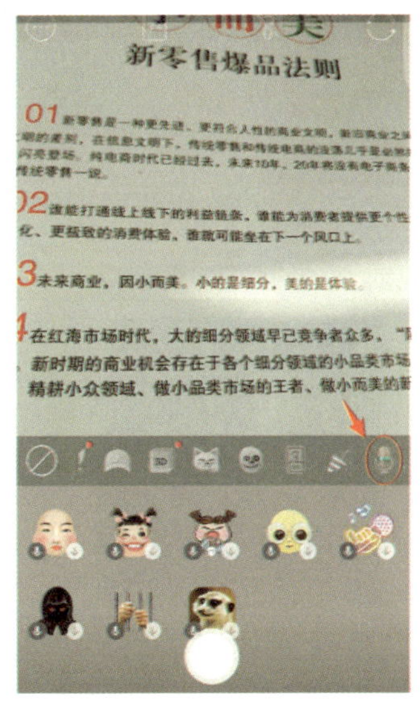

图 34–4

即可出现女生、儿童、大叔等不同的变声模板，根据自己的需要设置完毕后拍摄视频，就可以改变人物的声音。

借助电脑进行深度变声处理

手机端变声，比较简单，是适合小白群体的初级玩法。

首先，是由于手机的系统架构问题，上面的声音处理都是由硬件直接生成，而没有虚拟音频驱动介入。

其次，手机硬件水平不足，很多大型的变声软件对于机器硬件，尤其是对处理器和内存的要求较高，手机内存目前还满足不了这一点，只有电脑的处理器和内存配置才能满足这些软件的顺畅运行。

因此，如果追求更好的声音效果，还需要借助一些专业的变声软件、高配置电脑和相应的设备。

电脑端的变声软件推荐使用 Adobe Audition（见图 35-1），类似的变声软件还有很多，具体结合实际情况选用。

图 35-1

另外，还有一类可连接电脑、手机的变声应用，比如 MorphVOX 变音大师，借助该软件实现手机端变音，还需要准备一些特定的器材：

· 公对公音频线；

· 一分二音频线；

· 双插针耳麦（或 3.5mm 插针耳机和话筒）；

· 电脑。

上述物品要严格按照规格要求去准备。

器材准备好以后，在电脑上打开 MorphVOX 变音大师，先进行调试。然后进行设备连接，步骤如下：

第一，把准备好的公对公音频线的一端插入电脑的扬声器接口；

第二，将耳麦麦克风（或话筒）一端接入电脑的麦克风接口；

第三，将一分二音频线中的一端连接到手机上，再将一分二中的另外两个端口分别连接到公对公剩余的一端和耳麦的扬声器（或耳机）的一端。

完成上述操作，在进行抖音拍摄短视频的时候，就可以实现变声效果了。

上传原创音频来引流

自己创作的原创背景音乐（声音），除了可以自用，还可上传至抖音的音乐库，供其他用户检索、使用。被引用次数多了，也能达到引流的目的，而且随着引用人数的裂变，其带来的流量也是不可小觑的，比如 M 哥的作品，不少都有好几万甚至十几万次的使用量（见图 36-1）。

图 36-1

M 哥凭借一首《我的将军啊》走红抖音，他的唱腔沙哑，很好识别，在抖音上翻唱了很多经典歌曲。尽管其唱腔大同小异，只是声音特别，但还是一招鲜吃遍天，在抖音吸粉将近 3000 万（见图 36-2）。

因此，如果自己的原创音频确实有特色、有内涵的话，也能将自己的独特才艺展示给更多人，从而获得更多的机会，在这个平台上，所有特长都有爆红的机会。

自制音频上传至抖音平台的步骤如下：

第一步，进入抖音拍摄界面，点击“选择音乐”（见图 36-3）。

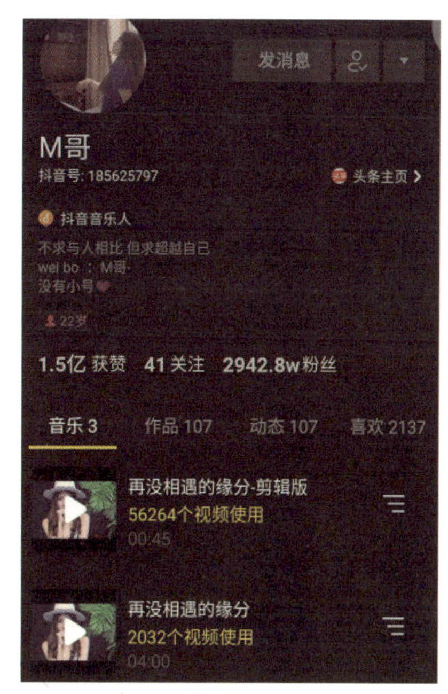

图 36-2

图 36-3

第二步，由于上传的是原创音乐，抖音素材库中显然是没有的，可以在搜索相关音乐内容中随便输入一些字符，比如“招商哥”（见图 36–4）。

图 36–4

第三步，结果显示“没有搜索到想要的音乐”，这正是我们想要的答案，这时可以点击后面的“点击推荐”（见图 36–5）。

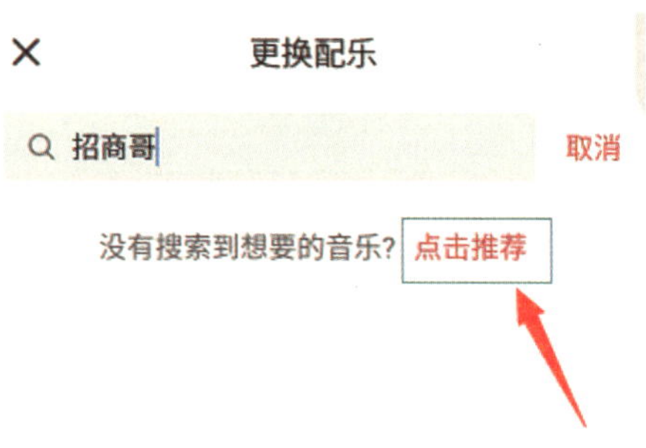

图 36–5

第四步，在推荐界面，即可上传自己的声乐作品（见图 36-6）。

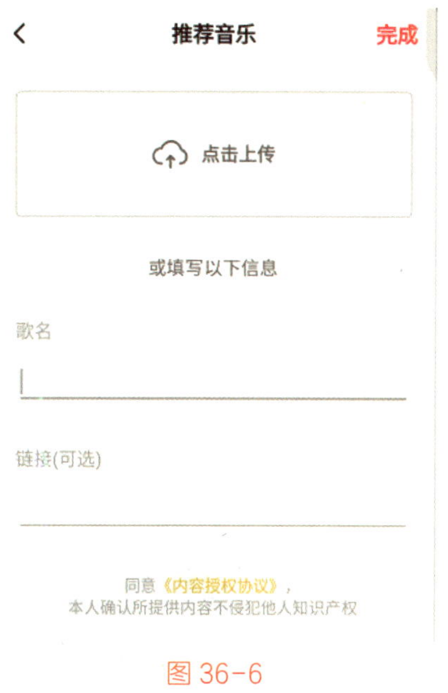

图 36-6

上传的作品要确保没有版权问题，且要经过抖音平台的审核，审核通过后，自己的作品就会上架。

横屏视频变竖屏

Snapchat 上面的统计数据显示，竖屏视频广告的播放完成率，要比横屏视频广告高 9 倍，用户的视觉注意力则要高出两倍。而且，竖屏广告的点击率也要比横版高 1.44 倍，互动效果同时提升 41%。

抖音平台也是如此，通过对该平台 7 大垂直领域 30 个品牌的短视频广告投放效果的对比分析发现，竖屏广告无论是点击率还是有效播放率，相对横屏广告视频都有明显提升。

图 37-1

因此，拍摄短视频应当竖屏优先。如果用手机拍的是横屏视频，用户看起来需要调转手机角度，非常别扭（见图 37-1）；如果上传至电脑，看起来就更不方便，无法再用调转机器的方式。这时，就可以借助爱剪辑等软件将横屏视频转化为竖屏视频。其步骤如下：

第一步，打开“爱剪辑”应用，点击“添加视频”即可将相应视频文件导入“爱剪辑”（见图 37–2）。

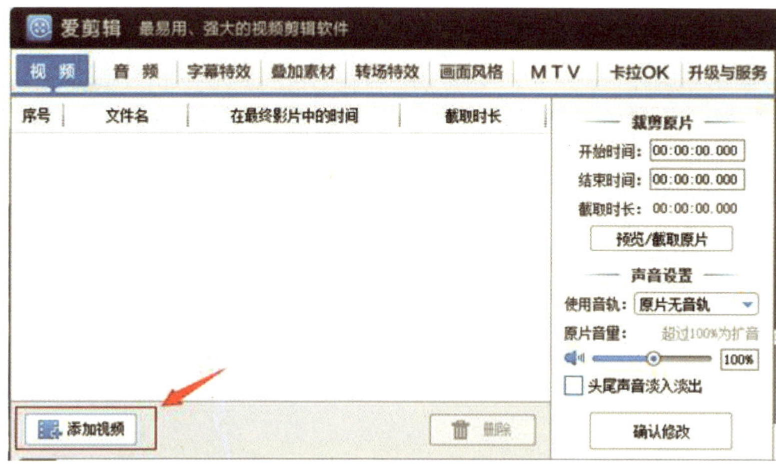

图 37–2

第二步，点击“画面风格”，找到“自由旋转”选项（见图 37–3）。

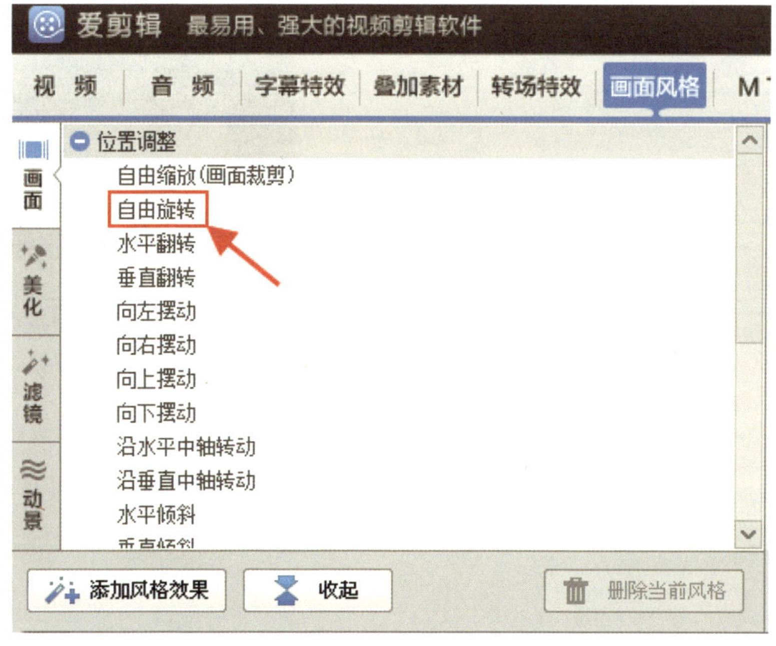

图 37–3

第三步，找到“效果设置”，将角度参数设置为 90，单击确认修改，即可（见图 37–4）。视频设置成功后可以选择导出视频，这样横竖屏视频的转换工作就完成了（见图 37–5）。

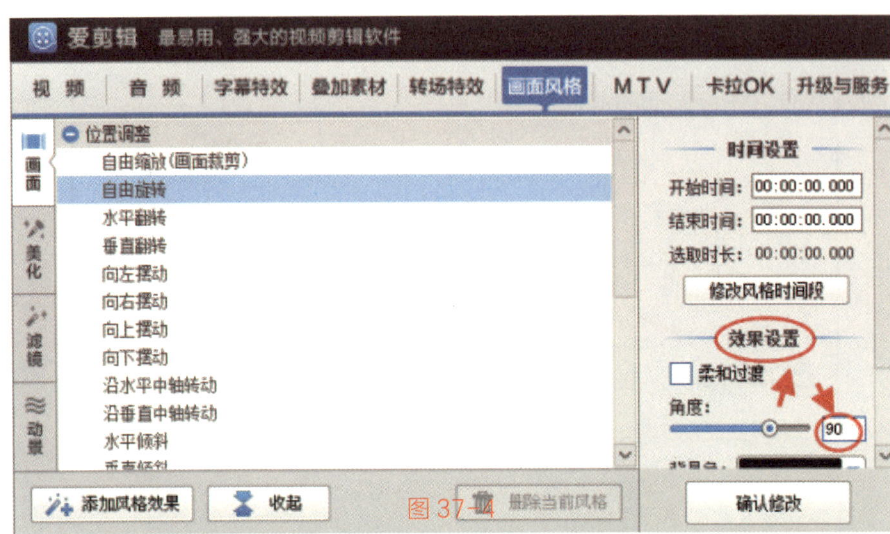

图 37–4

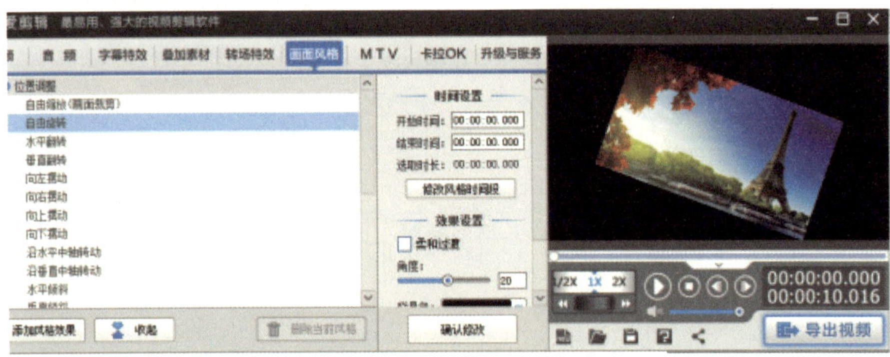

图 37–5

实现快闪 PPT 效果

抖音中有很大一部分是快闪 PPT 效果的短视频，制作简单，无需进行拍摄，只要准备好相应文字素材和制作方法即可。

这类作品的实现方法有以下几种：

1. 借助 PPT 软件制作。方法步骤和一般的 PPT 文件相同，不过最后需要加入背景音乐。

2. 通过爱剪辑软件制作。先用 Word 文档作为白纸写几张素材图片，然后进行截屏，最后通过爱剪辑把图片合并成视频。

3. 利用手机自带的屏幕录制功能对着准备好的图片进行录制，按照顺序在相册中滑动自己希望放到视频里的文字图片，在 15 秒内完成即可，然后把录制好的视频配音，上传至抖音。

4. 使用手机自带的“便签”或者记事本功能来实现。具体可以在应用里面选择用白色底图的皮肤写好文字图片，可以随意把文字调整位置，在写好之后保存图片，上传至抖音。

制作超火的文字弹幕视频

文字弹幕类视频，也是抖音上较火的一个类别（见图 39-1），内容很简单，字幕和语音的结合，实现起来也不难。

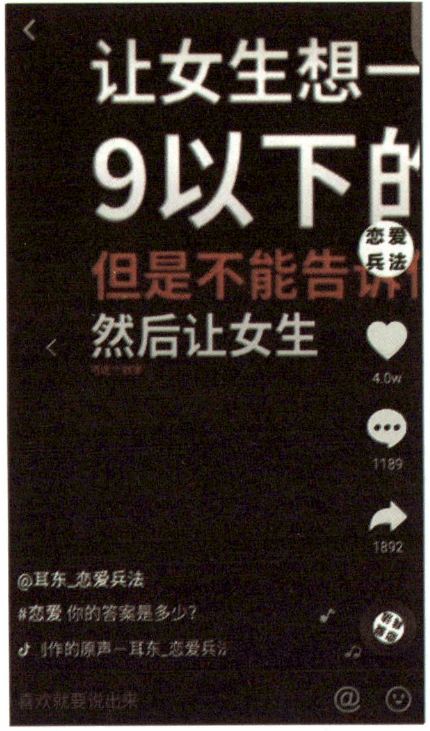

图 39-1

文字弹幕除了可以在电脑端使用 AE 软件来制作外，这里给大家推荐一个简单手机端 APP“字说”，在手机上就可以完成制作。

第一步，打开“字说”应用，点击录音图标（见图 39-2）。

图 39-2

第二步，对准手机说出准备好的文字内容（见图 39-3）。

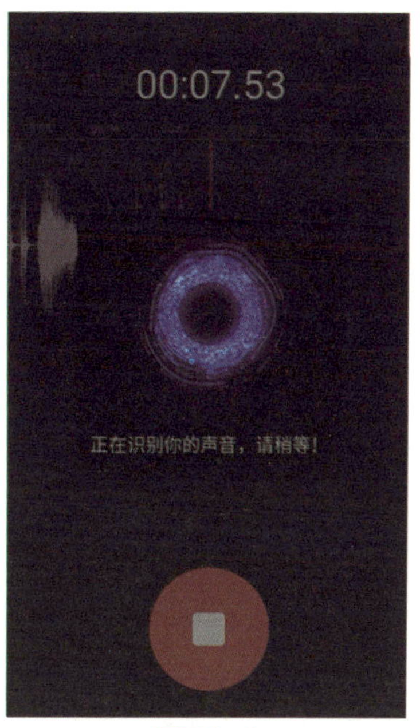

图 39-3

第三步，核对系统识别出来的文字是否准确（见图 39-4）。

图 39-4

第四步，如果内容准确无误，点击右上角的“保存”将其保存到本地相册（见图 39-5）。

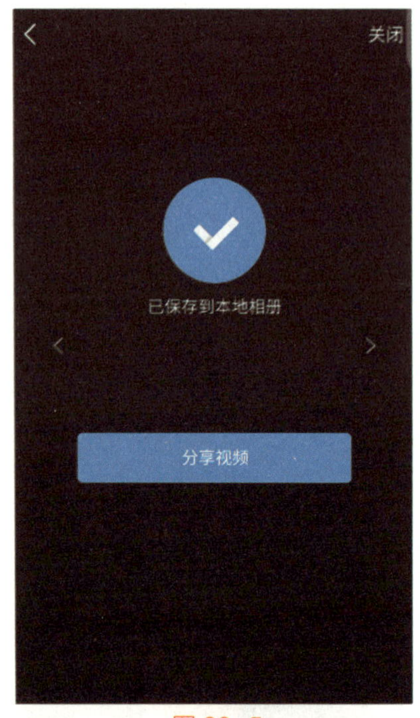

图 39-5

第五步，将已保存到本地相册的视频上传至抖音（见图 39-6）。

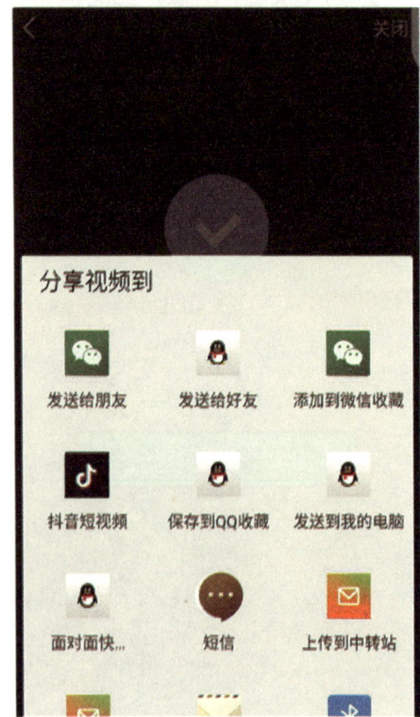

图 39-6

第40招 拿爆款的背景音乐拍同款

抖音小视频的成功，很大一部分要归功于背景音乐。当我们刷抖音视频时，经常会听到一些很带感的背景音乐，节奏很熟悉，很想拍一个同款，但却不知道背景音乐的名字，也无处查找。

这里教你一招，可以直接找到背景音乐，并以此音乐为背景来拍一个同款视频。

第一步，进入抖音 APP 界面（见图 40-1）。

图 40-1

第二步，点击屏幕右下方的声音图标（见图 40–1），进入背景音乐界面（见图 40–2）。

第三步，点击屏幕下方中央的“拍同款”即可（见图 40–2），接下来进入常规的拍摄流程，不再赘述。

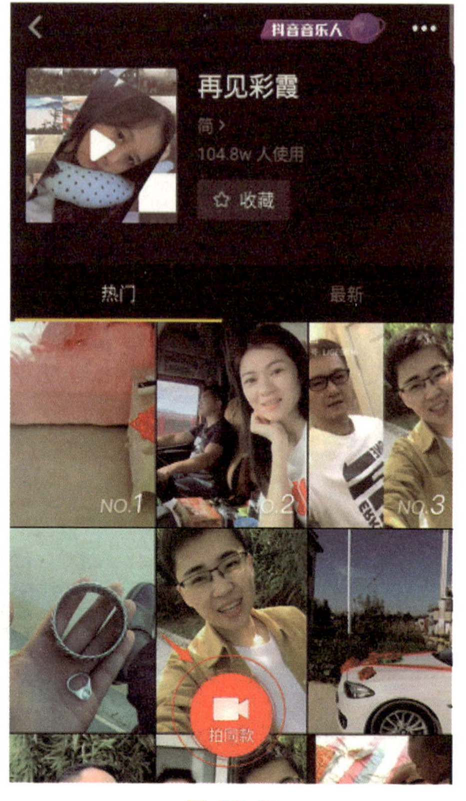

图 40-2

添加视频字幕

视频中添加字幕，能给用户更好的观感和浏览体验，看一下抖音“鸡汤教父”杜子建视频的字幕（见图 41-1）。不过，抖音拍摄应用中并没有添加字幕的功能，需要我们借助第三方视频剪辑软件来完成，像“快影”“神剪手”“爱剪辑”等软件都可以完成。

下面我们就以可直接在安卓手机系统使用的“快影”为例，来看下具体的教程。

图 41-1

第一步，在手机端打开“快影”APP（见图 41–2）。

第二步，点“+”，导入本地要编辑的视频（见图 41–2）。

图 41-2

图 41-3

第三步，点击屏幕右下方的“T”字形图标（见图 41–3），进入字幕编辑界面（见图 41–4）。

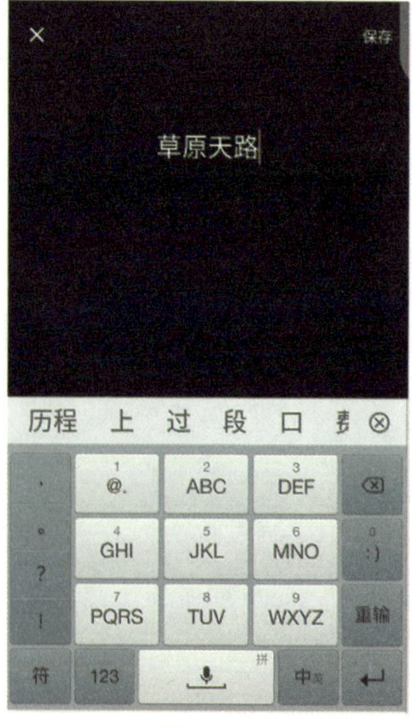

图 41-4

第四步，输入字幕并保存（见图 41–4）。

第五步，字幕出现在视频中，另外还可以根据需要调整字幕的字体、字号、颜色。设置完毕之后导出即可（见图 41–5）。

图 41–5

玩转抖音运镜

抖音上有一种很火爆的视频玩法，叫作运镜，即很酷很炫的拍摄方式，是一种技术流的玩法，在抖音上搜索“运镜”，有很多关键词和视频（见图 42–1）。

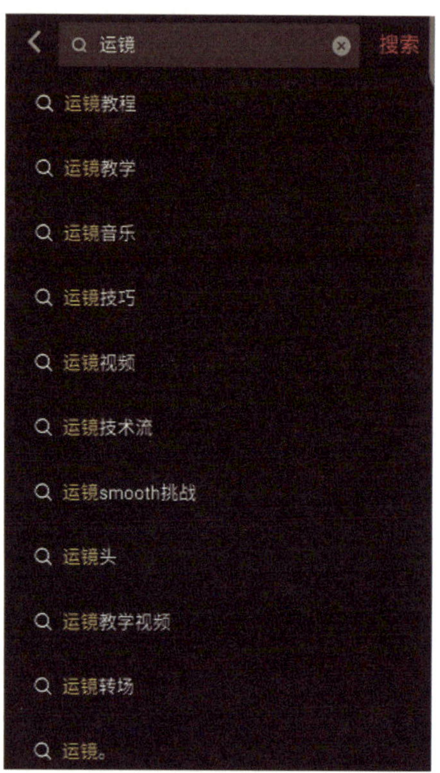

图 42–1

所谓运镜，即运动镜头，主要是指通过镜头自身的运动来拍摄，其实，在专业的影视作品中，大部分镜头都是运动镜头。而抖音视频的拍摄者，大多不是科班出身，可以简单学习一些运镜技巧。

1. 推动镜头

即在拍摄对象保持位置不变的情况下，将拍摄器材的镜头或快或慢向前推进，这样会使得拍摄对象的主体或部分细节越来越大，直至占据所有屏幕空间。这种运镜方式，有助于吸引观众的注意力，让大家处于一种审视的状态。

2. 拉动镜头

该运镜方式同推动镜头的方向正好相反，是让拍摄镜头渐渐后退，远离拍摄对象，取景范围越来越大。这样可以让受众看清拍摄对象所处的环境情况，同观众的距离也逐渐远离。

3. 摇动镜头

摇动不是乱晃，而是有节奏地让镜头进行上下、左右甚至是大范围的旋转，目的是让观众了解拍摄对象周围更大范围的环境，产生一种身临其境的感觉。

4. 甩动镜头

即让镜头从一个画面迅速甩到另一个画面，中间切换迅速，过程模糊，给人一种眼花缭乱的突然性和爆发感。

5. 升、降镜头

升、降镜头通常要借助专门的升降设备，用来制造画面的快速扩展与收缩，从而将拍摄对象的局部、纵深场景表现出来。通过镜头的快速升降，能给人一种视觉上的冲击力，有助于拍摄出魔性的小视频。

添加闪屏、抖屏效果

抖音小视频可以如同其名字一样，抖动起来，炫酷起来，在视频中可加入很多特效，比如闪屏效果，可以让视频更好玩，更好看，更抖更炫。

在拍摄阶段，可以有效利用道具，点击道具图标（见图 43–1）。

图 43–1

图 43–2

选择“彩色闪屏”，系统默认的道具是小黄鸭，选择后道具图标会显示“彩色闪屏”。接下来，进行拍摄（见图 43–2）。

完成后的作品或是本地导入的作品，可以进一步添加特效（见图 43-3）。

图 43-3

点击“特效”，进入特效界面（见图 43-4）。

选择“抖动”，用鼠标拖动视频进度条，到特定位置后，选择增加抖动特效的节点，长按该特效图标，就会为视频添加上“抖动”特效，添加特效进度条会变成与特效图标相同的颜色，作为区分。设置完毕点击屏幕右上方的保存即可。

图 43-4

录制聊天记录类视频

聊天（微信、QQ 或其他聊天软件）记录类视频，由于制作简单，内容来源丰富，一直是抖音平台上的一个热门分类。内容选材比较好的话，也有可能出爆款。

聊天记录类视频有三种录制方式：

1. 手机录制

准备两个手机，其中一个手机用来播放聊天记录，另一个手机用来录制。这种方式比较简单，但画质通常较为粗糙，屏幕有可能出现抖动，且会有角度上的倾斜（见图 44-1），不利于观看。在滑动视频时，拍摄者的手也会出现在视频中，一般不建议使用。

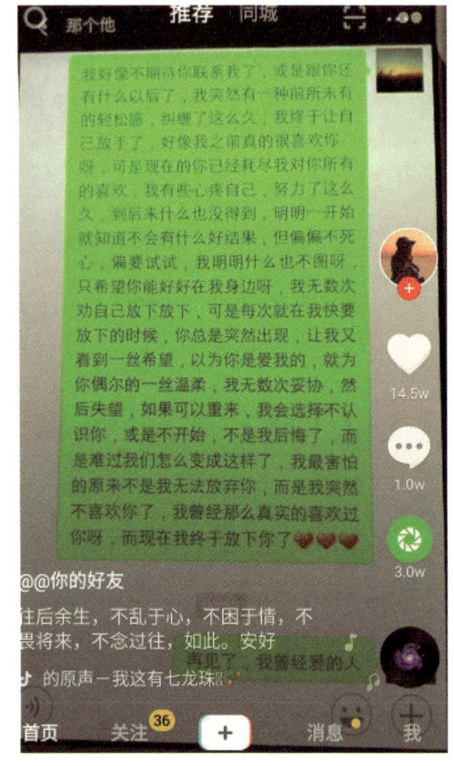

图 44-1

2. 利用手机录屏功能

苹果手机和部分安卓手机都有屏幕录制功能，有的位列屏幕上方的快捷工具中，有的需要单独添加进去。

3. 利用第三方录屏软件

录屏软件有很多，这里推荐一款“录屏大师”。下载 APP 至手机后，打开应用，首先选择“竖屏游戏录制”（见图 44-2）。

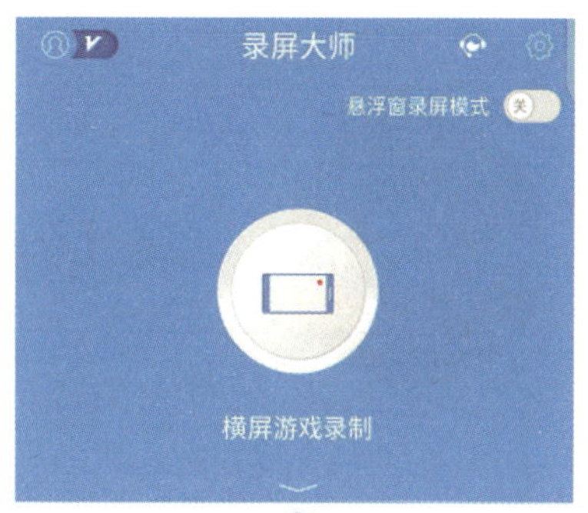

图 44-2

录制开始后，进入手机聊天界面，有节奏地向下拖动聊天记录，具体进度以观众有足够时间看清内容为准，同时注意录制时间。录制完成后，可以在“录屏大师”下方的“视频”中查看录制好的内容，并根据自己的需要进行剪辑，将开头、结尾以及其他无关内容剪切掉。将其保存至本地后即可作为抖音视频的原始素材使用（见图 44-3）。

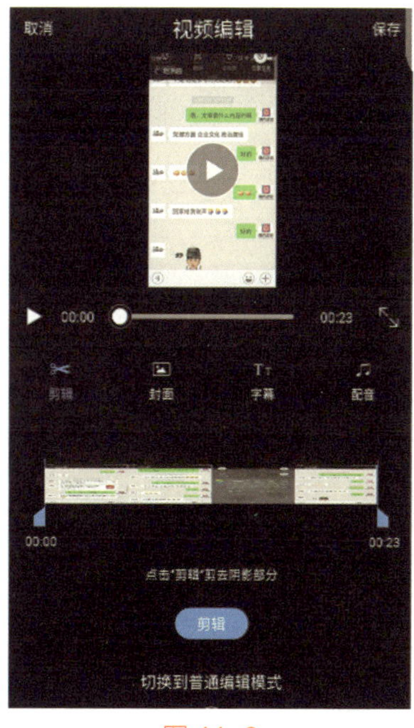

图 44-3

流量型标题的拟定

图 45-1

抖音，能让作者发挥文案作用的地方有三处：标题、评论以及字幕。其中标题在流量吸引上有着重要作用，一个好的标题能为作品引来不少的流量（见图 45-1）。

“不吹不黑，真实体验”，这个标题就是典型的流量型标题，用词很诚恳，视频中提到的也都是一些常见的药物，大部分人都用得上，让人不仅愿意看下去，而且还迫不及待想收藏、关注。

抖音短视频标题的设置要巧用关键词，在标题中要有高流量的关键字，从而可以让短视频广告匹配给更多的用户。

抖音高流量标题主要有这样几种类型：

1. 疑问型

可以充分激起大家的好奇心，引导观看。比如：“新疆为什么不包邮，你知道新疆有多大吗？”“祖宗十八代称号大全，我想应该没几个人知道全部称呼吧？”“你选女朋友的标准是我吗？”

2. 数字型

数字型标题，内容简单直白，让人一扫便知。比如：“父母一定要陪孩子看的 6 部经典电影。”“情商低的 7 个表现，你身上有吗？”“清华博士妈妈，小学 6 年，我让女儿背会这张表，成绩从未低于 98。”

3. 痛点型

即根据大家共同担忧的问题来设计标题。比如：“几个容易致癌的坏毛病，你有吗？”

4. 热点型

结合当下的社会热点、明星、热词来设置标题。比如：“我国的汽油是根据什么调价格的？看完涨知识了！”

5. 治愈型

当今社会人们生存压力普遍较大，一些文艺型、治愈型的标题也很有市场。比如：“往后余生，不乱于心，不困于情，不畏将来，不念过往，如此，安好。”“与人无争，于世无求，但求宁静，无愁最乐。”

6. 实用型

即一些生活小妙招、知识型的标题。比如：“聪明人都知道的省钱小妙招，让你一年节省几千块。”“这是一种带保证人的借条模板。”“登山下降怎样收绳结？”

7. 感同身受型

这类标题最容易得到共鸣，获得互动。比如：“女人错过了那个她最想嫁的男人，就会变得挑剔。男人错过了那个他最想娶的女人，就会变得随意。有同感的留下赞。”“我想这一定是万千男士的初衷。”

把握好标题的尺度

互联网经济是眼球经济，为了博取大家的关注力，网络上从来不乏“标题党”，有些甚至不择手段、毫无下线。我看到过很多雷人的标题，比如“七个袒胸露乳的男子欺负一个穿着暴露的少妇”，等等。

这类大尺度的标题，为了吸引眼球而过度夸张，过度渲染，但容易让用户产生欺骗感，也有可能被平台限流，严重的甚至会被封号。因此要引以为戒，掌握好标题拟定的尺度和下线。

1. 标题忌危言耸听

这类标题多包含这样的关键词：绝密、真相、竟然是、万万没想到、震惊了、惊呆了、揭秘。这些关键词如今正在被包括抖音在内的各大网络平台屏蔽，不要再飞蛾扑火。

2. 标题忌恶俗

标题不要含有各种恶劣、低俗、暴力性的关键词。如，“……都是折翼的天屎”“胆小勿看，医闹患者当场砍死医生，场面血腥”。

3. 标题忌威胁诅咒

标题中忌出现威胁、挑衅、诅咒、道德捆绑性的内容，比如“转发视频的都怎么样了，不转发的都怎么着了”“不看后悔”等。

第47招 规避图片版权纠纷

抖音内容创作不可避免地要使用到各种图片，如果是自己拍摄的原创作品，当然没问题；如果是从网上搜集、下载的图片，就要特别小心了，稍有不慎就有可能遭遇版权纠纷，给自己带来不小的麻烦和经济损失。

2013 年 8 月，某明星微博粉丝突破 2100 万，为表庆祝，该明星发布了一条图文微博。

而微博配图是 PS 自某著名摄影师的作品，原作者认为该明星的行为构成侵权，起诉并索赔 110 万元。

2017 年 9 月，法院做出一审判决：该明星的行为构成对该摄影师涉案作品署名权、修改权、保护作品完整权和信息网络传播权的侵犯，需向原告道歉并赔偿经济损失 34.5 万元。

作为抖音自媒体，该如何来规避版权呢？我看到网络上有人传授的简单招数是——看搜索到的图片有没有版权标识，没有的就可以使用。

其实，这种观点是错误的，有版权标识的固然不能用，没有的也不能轻易使用。因为，百度、必应等搜索引擎只是对网络图片资源的整理和聚合，并未对图片的合法授权做出任何承诺，图片版权仍然归属著作权者。

对带有图片版权网站水印的，更要慎用，首先确认一下它们是否可以免费使用，某些版权网站有些图片也可以在一定范围内免费使用的。对于

摄影师分享的图片，最好先确认下是否可以使用，有否授权使用。

还有，国外网站下载的图片也是有版权保护的，因为我国已经加入保护著作权的国际条约《保护文学和艺术作品伯尔尼公约》（*Berne Convention for the Protection of Literary and Artisite Works*）。

要记住，每一张图片都是有著作权的。

那么，有没有可以免费使用的图片呢？凡是签署了 CC0 协议的作者，就表示他们已将该作品献给公有领域，其他人可以复制、修改、分发并且使用该作品，无需授权。有些网站会免费提供这类 CC0 图片，比如 Pixabay、Stokpic 等。

总之，对于网络图片的使用要把握好以下几个原则：

第一，已发布的作品，如果没有声明版权归属，就可以引用和使用。

第二，声明了版权归属的已发布作品，在征得作者同意前，不可以直接使用或引用。

第三，已发布的作品，先前没有声明版权，后又声明版权归属的，那么，自声明版权之日起，不可再随便使用或引用。

免责声明未必能免责，加强版权意识是关键

关于版权问题，如果我们在视频内容中引用和借鉴了别人的素材，并在账号中添加类似于“内容来自网络，如有侵权，联系删除”（见图 48-1 和图 48-2）这样的免责条款，能够免除法律责任吗？

图 48-1

图 48-2

事实上，这种免责声明只是作者的一厢情愿罢了。这样的免责声明是无效的，如果版权方坚持追究责任，就需要承担法律责任。当然，如果使用者没有从中获取利益，在事故过程中没有过错，可以相应减轻其责任。

也就是说，如果只是自己自娱自乐，小范围内传播的话，风险相对小一些；如果是大范围传播并以此来获利的话，只要版权方一追究，就需要承担法律责任，具体要看传播量和获益数额等情况。

另外，《中国人民共和国合同法》第五十三条规定合同中的下列免责条款无效：

（一）造成对方人身伤害的；（二）因故意或者重大过失造成对方财产损失的。符合以上条件的免责申明无效。

如果你的免责条款触犯以上两种情况，也是无效的。

因此，平时养成良好的尊重版权的习惯，尽量坚持原创或以正规途径获得网络素材的使用许可，才能从根本上规避版权纠纷。

第49招 添加位置获精准流量

抖音首页有两大流量入口：推荐和同城。

视频拍摄、编辑制作完毕之后，发布之前，还有关键一步，那就是添加位置（见图49-1）。

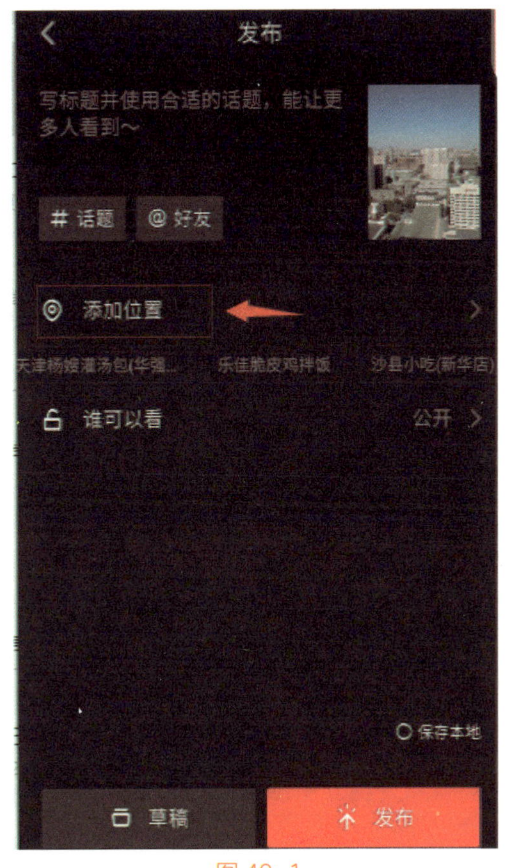

图 49-1

进行定位之后，发布的视频就会被系统优先向附近的人推荐，可在同城入口得到更多展现，获得更多精准的本地流量。

试想，如果你是线下商家或有关联资源的话，本地流量就意味着潜在的精准客户。多发布带有定位的视频内容，尤其是同产品、服务相关的小视频，可有效吸引精准流量过来围观，拉近与潜在客户的距离，为引流、变现打下基础。

第50招 迎合抖音的推荐算法

抖音的推荐算法同今日头条是类似的，采取的是去中心化的流量分配模式。我们知道，在其他自媒体平台，如果你没有大量的粉丝，那么你发布的内容就不会有太多的人看到。但抖音的这种推荐机制却不同，无论你是否有粉丝，都有可能得到系统的推荐，这也正是抖音的魔性所在。

具体来讲，抖音的推荐机制是分批次进行的。通常，第一轮的推荐会在小范围内进行，如果该阶段的各项数据都很好看，那么系统就会加大推荐力度和推荐范围；反之，就会停止推荐。

该推荐机制让每一个认真创作视频的创作者都有机会同大号、网红同台竞技，脱颖而出，有爆红的可能性，前提是要迎合抖音的算法推荐机制。

1. 善用个人流量池

在去中心化的推荐机制下，抖音系统会给每一个作者甚至每一个作品分配一个流量池，不论是不是大号，也不论你的粉丝数量多寡，都会给你一个公平展示自己的机会。

作品接下来的命运，取决于在这个流量池中的表现，因此要无比珍惜。系统有四个参照指标来评估作品在流量池中的表现（见图 50-1）

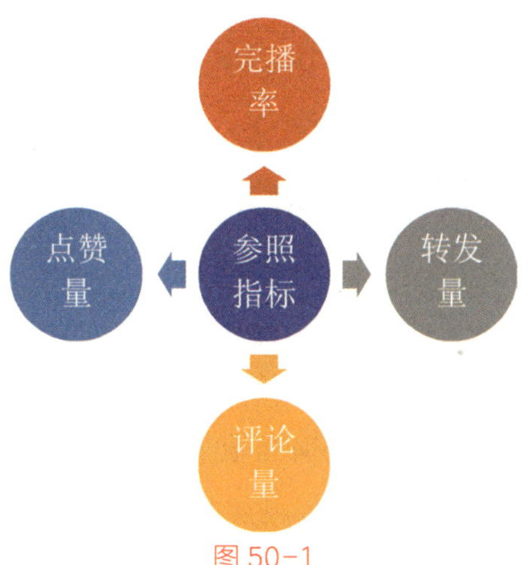

图 50-1

有了这四个指标，就要求我们从视频策划、制作、发布的每一个环节都要尽一切所能去驱动粉丝来点赞、评论、转发、从头到尾播放完。

2. 利用叠加推荐

视频发布之初，可利用个人或团队之力去引导用户点赞、评论，做好互动。不过，当作品成功触发系统的推荐机制，被推广到更大范围以后，仅凭自身力量就很难再进行干预了。这个功夫就要下在前期的内容策划和制作阶段，有意设置一些互动性、诱导性的话题和要素，去引导大家参与互动，进而形成二次传播热潮。

3. 多一些耐心

一个视频发布之后反应平平，几天后甚至一个月后还有没有火的可能性呢？答案是肯定的，这要归功于抖音推荐算法中的“挖坟”功能，会带火一些有潜力的老视频。

因此，如果有一些自己比较看好的作品，哪怕它一时没有成功，也要保持一些耐心，持续进行一些维护、互动和转发工作，保不准哪天就回报你一个惊喜。

第51招 视频发布的时间与节奏

很多人发抖音视频，喜欢随时随地，随心所欲，如果只是自娱自乐，这种做法倒无可厚非；如果是出于引流和营销的目的，这种方法就大错特错了。抖音视频的发布时间和发布频率，务必要踩对时间节点，符合抖音的算法规则。

1. 发布时间选择

抖音每天各时间段的流量分布不是均衡的，有着明显的高峰期，以工作日为例，通常有四个流量高峰期（见图 51–1）。

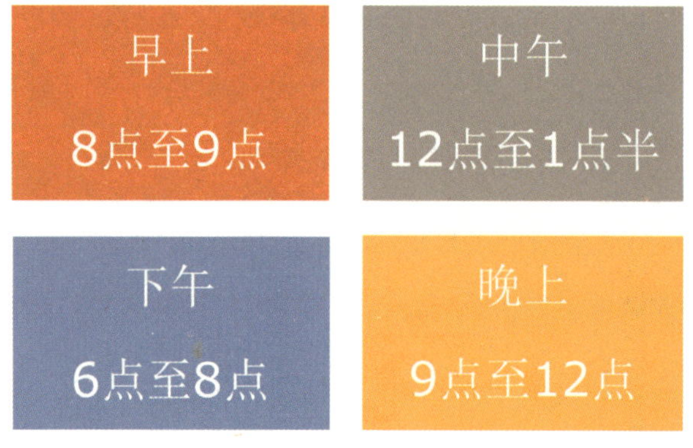

图 51–1

在每个流量高峰来临前一个小时发布视频，才有更多的展示机会，得到更多的曝光。

节假日的时间不同于工作日，高峰期会比较分散，可根据自己的实际情况相机而定。

2. 视频发布节奏

养号期结束后，每天可以发布 1～3 条视频，不可大量发布，以免被系统判定为营销号。后期可以逐步增加至一个比较稳定的水平，也不宜太多，一般不超过 10 条。视频要保持不间断发布，不可三天打鱼两天晒网，不能想发就发、想不发就不发。

第52招 设法增加基础播放量

在抖音上有这样一个现象，粉丝众多的大号发布的视频更容易上热门。这是因为它们符合抖音上热门的算法推荐规则。

举例来说，某个大号有 50 万粉丝，每次发布新的视频后，都会被推送到 50 万粉丝面前，假设有 5 万人点开播放，参与互动，那么就形成了客观的基础播放量。

而抖音的推荐机制是，只要视频的点赞率（点赞量 / 播放量 = 点赞率）达到了官方要求的指标，系统就会自动将该视频送上热门，并分析接下来的数据表现：如果表现良好，则会继续推送，如果点赞率下降，就会停止推送。

这种推荐机制，造成了抖音作者的两极分化，红者愈红，没有人气者更加冷清。

当然了，即使是新用户也会获得一定的流量分配和推荐，问题是大 V 们发送的作品有铁杆粉丝支持，而寻常作者的作品则很可能被忽略掉，除非是作品特别优秀，但对于寻常的作者而言这种可能性不是很大。

于是，基础播放量就显得至关重要，如何来提升这一数据呢？

首先，自己要主动做一些工作，亲自或找身边的亲朋好友、伙伴、同事来刷播放量，刷赞，或者通过大范围互赞、互粉的方式来增加人气，只要人气上去了，就会被系统关注。

其次，仅凭一人的能力毕竟有限，难以撬动抖音的算法机器，那么也可以考虑付费找一些外部的机构有偿刷一下人气，提高基础播放量。该付出的还是要付出，舍不得孩子怎么能套到狼呢？

刷人气是有技巧的，不是简单直接粗暴的去刷。可以先观察同领域的几个账号，留意其点赞、评论、转发的频率，并做好记录，直到其数据稳定下来，然后参照这个节奏去刷，才能让数据看上去更真实。

快速增加基础粉丝量

粉丝数量少，是绝大多数抖音账号的共同痛点，而大部分人注定永远也解决不了这个问题。那怎么办呢？就要想办法增加前期的基础粉丝量。

就抖音用户而言，都有从众心理，举例来说，某抖音大号有大量粉丝，让人看了就觉得很有实力，愿意去关注。而对于那些寥寥几个粉丝的账号，他们则会犹豫不决，认为没有影响力不想去关注，不想去深入了解。从而进入恶性循环，越发没人关注。甚至于，很多人会先去关注某个作品、账户的粉丝量、点赞量和评论量，数据好看的就潜意识认为内容比较好，即使看不出名堂，也往往归结于自己的欣赏判断能力，因为大家都说好。

事实上，大量的粉丝存在确实能给其他用户以积极的心理暗示。

从这一意义上讲，最好让数据变得好看一些，以便带动粉丝增长，形成良性循环。

通过 QQ 群集赞

一个完整的抖音短视频包含四个组成部分（见图 54-1）：

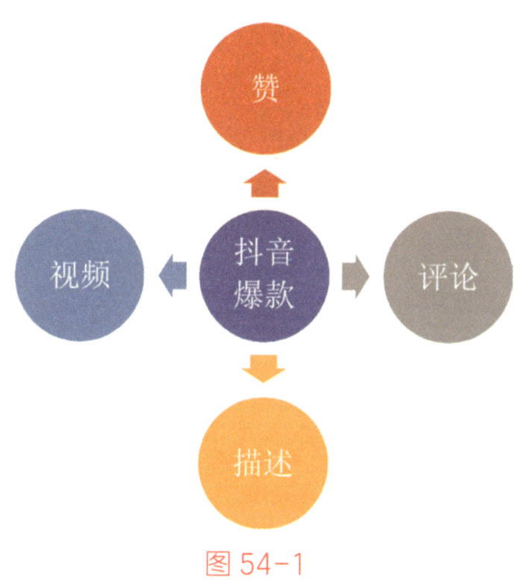

图 54-1

想要成为爆款视频，上述四个内容缺一不可。视频本身和视频描述，在创作阶段就已经完成，不是太大的问题。

关键是如何得到足够多的点赞和评论，尤其是视频上传后第一阶段的点赞和评论。我们知道，根据抖音的算法推荐规则，前期通常会分配给新视频 300 ~ 500 个推荐量，然后会根据视频的数据表现（点赞量、评论量）来判断其优质程度，并决定是否进行下一轮推荐。只要视频的反馈数据足够好，是有可能被系统推到十万播放量级、百万播放量级的。

所以，前 300 ~ 500 个播放量就显得至关重要，如何去撬动这个阶段的播放和互动数据，是每一个抖音账号都日思夜想的。

实际运作中，除了要被动使用抖音平台给予分配的推荐量外，还要借助一切推广途径去主动传播，而 QQ 群是一个非常好的渠道。

首先，可以将自己新上传的视频连接发往自己加入的大量 QQ 群的聊天页面中，只要视频的标题和封面照片足够吸引人，是能够引来足够点击量的，尤其是一些千人大群中。须知，在短视频平台，上面有各种五花八门的视频供大家选择，很容易造成审美疲劳，也很容易让新视频一下就被埋没掉。但 QQ 群不一样，群成员日常接收的多是文字、图片性信息，视频内容会让他们眼前一亮，即使是作为偶尔性的调节和娱乐，也会吸引很多人点击，这都是有效的流量。

其次，可以打开 QQ 的查找功能，切换到查群界面，搜索相关关键词。比如要给和宠物猫相关的抖音视频集赞，就可以搜索“宠物猫”，找到受众更垂直的群落获得更多赞。

第55招 巧用热点话题“骗”评论

细心观察的话，你会发现，大部分小视频都是点赞量多于评论量，因为赞比较简单，随手而为，无需进入评论区打字回复。但有一类视频，却利用了一些小伎俩，成功吸引大家去评论，这类作品的评论数甚至多于点赞数，也能上热门，实现引流，来看两个案例。（见图 55–1 和图 55–2）

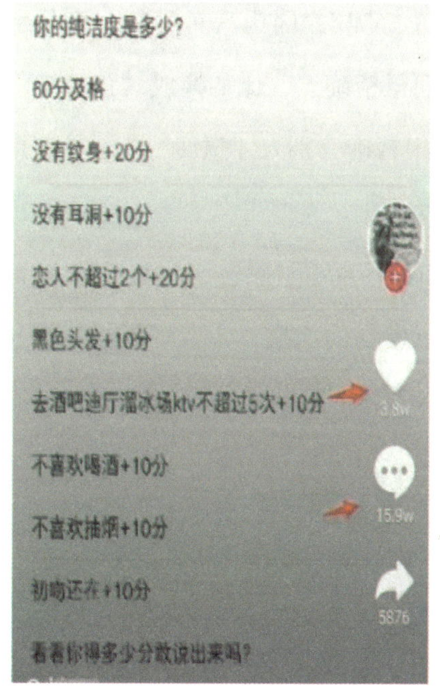

图 55–1

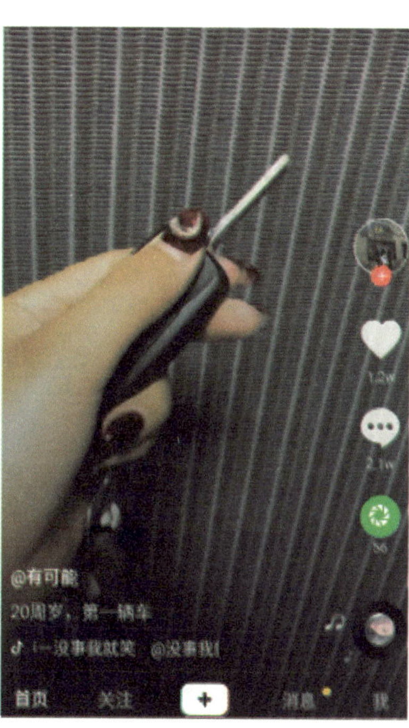

图 55–2

很明显，这两个小视频的评论数都远远高于点赞数，因为他们采取了相同的套路，设置问题引导粉丝去回答，第一个问题是“你的纯洁度是多少？”。第二个问题则是“人生第一辆车，可以猜一下是什么车？”

这种作品，就像是玩游戏，大家乐意参与，并未感觉被套路，但却是很好的引流手段。“骗”来的评论也是流量，提问式引流有几个操作要点：

1. 结合大众关心的热点来设置问题

共同关心的热点才能激起大家参与套路的积极性，比如：“你们那的彩礼多少钱？”“你每月的房贷多少？”“你的收入有多少，报出你的城市。”等等之类的。

2. 问题要精准

问题要问得精准，不要太泛，否则别人根本不知道怎么回答，也就懒得参与了。比如，不要问“什么样的车好呢”，因为汽车品牌、型号那么多，你让别人怎么回答？可以把问题问得精确点，比如换成“预算 20 万，可以买什么合资轿车呢”，这样问得就很精确，别人才想回答。

3. 答案尽可能简单，尽量设置选项

问题的答案尽可能简单，最好三两个字就能回答，或者直接设置选项，让大家直接回复选项。目的是降低参与的门槛，大大降低粉丝参与的难度。大家的时间都很宝贵，很少有人愿意长篇大论去回复，设置的答案越简单，大家参与的积极性就越高。

第56招 精心设计引流话术

全美公认的销售天王金克拉（Zig Ziglar），有一句名言："话术的确很重要，它可以使事情改变，可以使客户自己说服自己。"

做好抖音引流，也需要精心设计引流话术，恰到好处的引流话术可以直接降低引流的障碍难度，可以使粉丝心甘情愿被吸引到目的地。

抖音引流话术主要适用于以下场景：

第一，个人页面的个性签名、标签一栏，此处引流话术宜简单直接；

第二，回复粉丝评论和私信时，要用到引流话术；

第三，小号参与大号的评论区互动时，要用到引流话术；

第四，评论别人的作品时，也可以适当使用引流话术。

具体到话术设计，要考虑到以下细节：

1. 个人资料的包装

引流话术不仅表现在文字上，连账户的包装效果都会产生直接影响。头像要是真实照片，个人资料也要尽可能真实丰富。

用来引流的微信号越短越好，最好是六位纯字母账号，太长的账号会在无形中将粉丝拒之门外。

另外，微信号的头像、昵称要和抖音账户统一起来，这样从一个平台到另一个平台过渡起来才不至于让粉丝感觉太突兀。

2. 引流话术的设计

引流话术要尽可能委婉，避免直接的硬广告，尤其是评论别人时所用到的话术。比如——

“我这里有一份详细的学习资料，需要的话可以加 VX（微信）发给你，文档比较大，这里不支持发送，我 VX 号是 ×××。”

“想学习拍摄技术的，加下我 VX 聊聊吧，我的 VX 号是：×××。”

当然，如果是在自己的评论区回复或是私信回复，且粉丝有明确的购买意向时，也可以适当发一些硬广性的话术，比如——

“嗯，这款产品很不错的，经过亲自验证，加我购买有打折，想要请加我，我的 VX 号是：×××。想要加我。”

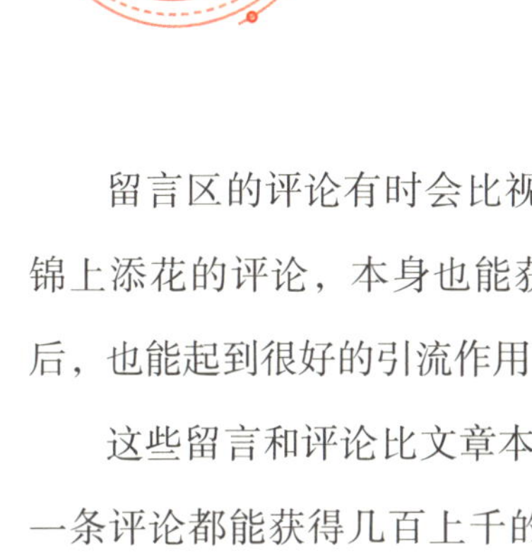

有一种涨粉技巧叫留言评论

留言区的评论有时会比视频本身更精彩，一些脑洞大开、恰到好处、锦上添花的评论，本身也能获得成千上万条点赞，甚是热闹，热闹的背后，也能起到很好的引流作用。

这些留言和评论比文章本身更精彩，各种天马行空、脑洞大开，甚至一条评论都能获得几百上千的点赞，很是热闹。看一个案例（见图 57–1 和图 57–2）：

图 57–1　　图 57–2

注意置顶的这条点评，评论本身非常专业，一看就知是出自资深的汽车大咖，获得了超过 1 万条的点赞。注意这个用户是某精品车行，想必一条评论就会为其带来可观的流量。

评论引流，有几个操作要点：

1. 选择同领域的抖音大号

这类大号首先是流量大，如果你的点评内容比较犀利，观点独到，那么就能引起其他网友的积极点赞、评论或是关注，自然就能起到引流和吸粉的目的。评价一些流量小的小号是没有意义的。

2. 在第一时间评论

大号发布新视频后，兵贵神速，评论越快越好，才能获得首发效应。好的机会，往往都是稍纵即逝的，留言评论进行推广引流也是一样，越快越好。

如果你是第一个留言评论的，那么你的留言评论展示位置将被展示在评论区最前面的位置，这样曝光的机会、推广引流的效果至少十倍倍增。

还有，对于那些已经有大量点赞和评论的视频，就尽量不要再去蹚浑水了，后来者脱颖而出的机会已经大大降低。

3. 评论内容要观点独到，语言犀利

给他人留言评论，目的是要让别人注意到你并能引导他们关注你，从而达到引流的目的，不能为了评论而评论。诸如类似“沙发”“支持”“太好了”“赞”“转发了”等等之类的评论，尽量不要做，除了给被评论人增加评论的数量，没有任何实际意义和价值。

什么样的评论才能更有吸引力呢？是那些幽默风趣、语出惊人、神回复型、金句型、吐槽型的评论，能给人留下深刻的印象，如果你的回复自带段子手属性，那就更好了。当然，如果语言表达能力不是太好的，可以

把评论的内容写得多一点，写得专业一些，表达出你的真诚和态度同样也能够吸引到别人。

4. 注意频率

同一个作品，切记不要短时间内反复评论。另外，不同作品的评论内容最好不一样，而且千万不要带敏感词广告，正常评论就行。

第58招 将短视频分享到微信朋友圈

相对于抖音，微信朋友圈的黏性更强，尤其是一些亲朋好友居多的微信账号。我们经常可以在微信上看到一些集赞的朋友圈信息，只要好友数量够多，通常大家都愿意给个面子，很轻松就能完成集赞任务。

同样的道理，如果将自己制作的抖音小视频分享到朋友圈并配合以文字说明，表达清楚自己的用意，会达到非常好的引流效果。如果更有耐心一些，还可以将小视频精准分享到具体的朋友身上，效果更佳。从而完美撬动抖音短视频第一阶段的播放、点赞和评论数据，进入下一轮推荐。

不过，在将抖音视频分享到微信平台的时候，需要稍微费些周折，但并不麻烦。

第一步，进入想要分享的视频界面，点击“分享到”图标（见图58-1）。

图 58-1

第二步，选择分享到微信朋友圈，或是特定的微信好友（见图 58–2）。

图 58–2

第三步，请注意，此时视频并不能直接分享到微信朋友圈，会被先自动下载到本地相册（见图 58–3）。

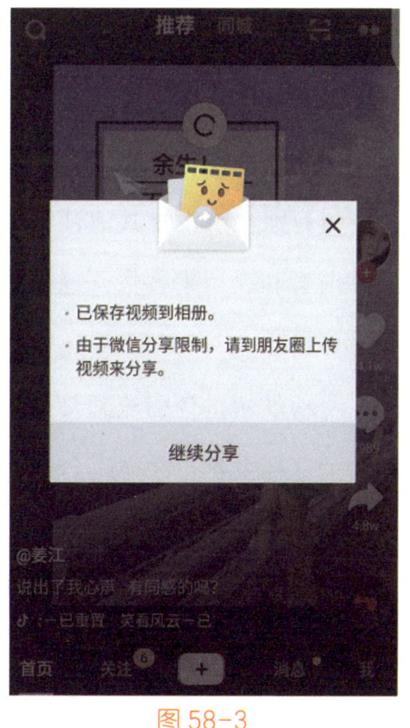

图 58–3

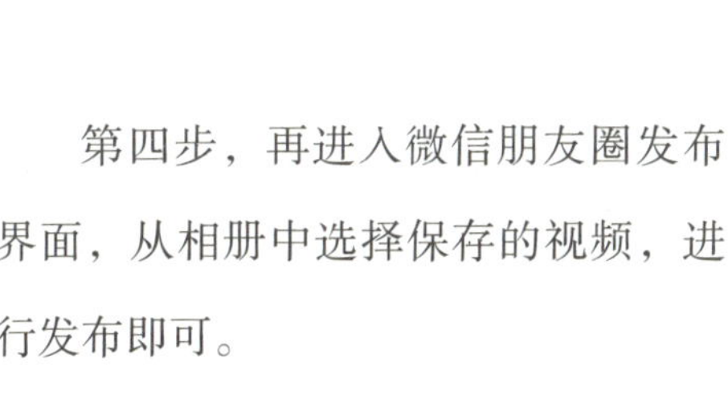

第四步，再进入微信朋友圈发布界面，从相册中选择保存的视频，进行发布即可。

第59招 将粉丝从抖音引流到其他社交平台

抖音的红利期已经到来，听说只要有 10 万抖音粉丝，引流一部分到其他社交平台上，向他们卖面膜都能月入过万。确实，现在有很多自媒体圈、草根创业圈、电商圈的人士已经批量进驻抖音，且是有目的性地在做推广、引流、营销、变现。

设法将抖音粉丝引流到其他社交平台，不仅能够加强粉丝黏性，而且方便管理，有利于进一步营销、变现。尤其是传播美妆、减肥、虚拟课程之类内容的抖音账号，更适合将粉丝引流到其他社交平台，这样就可以实现“抖音端传播美女如何进行服饰搭配，其他社交平台销售服装；抖音端教学护肤知识，其他社交平台销售护肤品”。

抖音账户中设置其他社交平台的账号，尽量不要直接注明，可以使用各种谐音和表情来替代，这样平台是许可的。

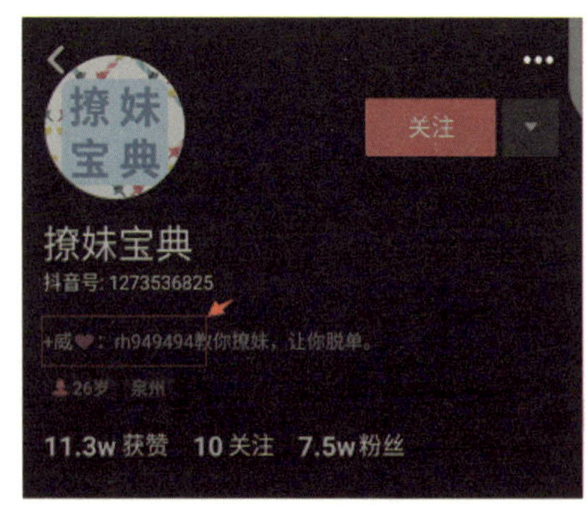

图 59-1

将粉丝从抖音引流到其他社交平台的途径主要有这样几个：

第一，个性签名中留账号，这是最常见的一种引流方式（见图 59-1）。

第二，抖音视频中直接留账

号，看一下抖音网红“丽江石榴哥”的账号植入（见图 59–2），这种方式效果好坏，取决于作者和其他视频内容对粉丝的吸引力。

图 59–2

第三，在粉丝的评论下面直接回复账号信息。

第四，在私信回复信息中加入账号。

第60招 借助抖音二维码涨粉

微信可以生成二维码，是很好的营销引流利器。目前，抖音也可以生成二维码，抖音二维码生成步骤为：

依次进入“设置”——“账号与安全”——“我的二维码”。即可看到个人的抖音二维码（见图 60-1）。

@袁亮频道

分享有用、有价值、有内涵的创业知识...

使用抖音扫码，加我好友

记录美好生活

图 60-1

像微信二维码一样，抖音二维码也可以实现精准的引流、营销效果。具体操作上，可将抖音二维码添加到个人的各种宣传载体和社交账号上（见图 60-2）：

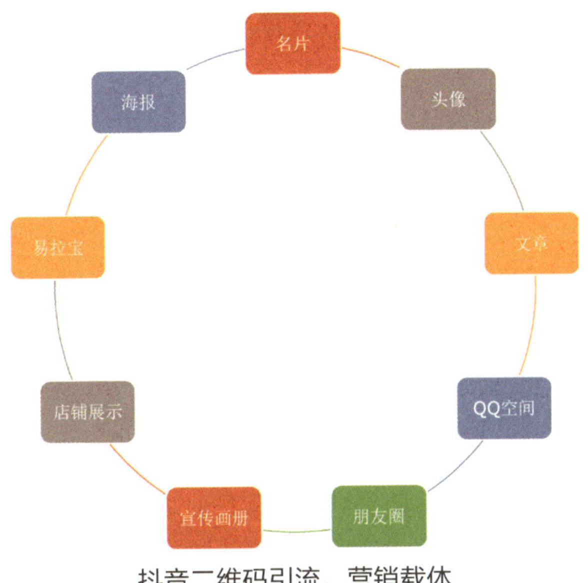

抖音二维码引流、营销载体

图 60-2

打造粉丝社群，提高粉丝黏性

抖音上的粉丝来无影去无踪，甚至朝秦暮楚，今日关注明日取消，缺乏强黏性，关注了也不一定所有的视频都看，只为了看的时候图个方便。

如何提高粉丝黏性，是抖音自媒体面临的共同困扰。粉丝是需要经营的，要通过社群思维来管理维系粉丝。

让粉丝尽早买单，把钱赚到手，成为自媒体一致的行动目标。艾瑞咨询在其发布的《2016 年中国网络社群研究报告》，给网络社群下了一个明确的定义——

“有共同爱好、需求的人组成的群体，有内容、有互动，由多种形式组成。社群实现了人与人、人与物的连接，提升了营销和服务的深度，建立起了高效的会员体系，增强了品牌影响力和用户归属感，为企业发展赋予新的驱动力。”

今天，我们所言的社群更多的是网络社群，比如我们通过抖音引流到 QQ 群、微信上的粉丝，都可以视为一种社群。在吴晓波看来，“社群是一种基于互联网的新型人际关系”。

打造粉丝社群，需要回答以下四个问题：

1. 社群的定位是什么

社群定位同个人的专业方向密切相关，即你所提供的内容和价值满足的是哪些人群，那么社群就是要定位在这些人群身上，设法吸引他们进社群。

2. 目标人群在哪里

抖音自媒体的用户和粉丝是一个逐渐积累的过程，要注意口碑传播，如果口碑好，用户就会争相传播，介绍新的用户，发展新粉丝。根据惯例，第一批粉丝积累会比较困难，一旦完成了粉丝的原始积累，且能持续为粉丝提供优质内容和价值，就能换来用户的裂变式增长。

另外，也可借助一些必要的推广措施，比如同别的抖音自媒体互换粉丝，或借助大V的力量去推广。

3. 社群能给粉丝带来什么

这一点至关重要，粉丝加入社群，一定有所图，要么是知识，要么是经验，要么是潜在的机会和财富。

比如，“罗辑思维”社群得以形成的关键原因，在于它能为粉丝提供高质量的知识分享，这些知识以通俗易懂的方式被传达给粉丝。有了价值的传递，社群关系才能持久。

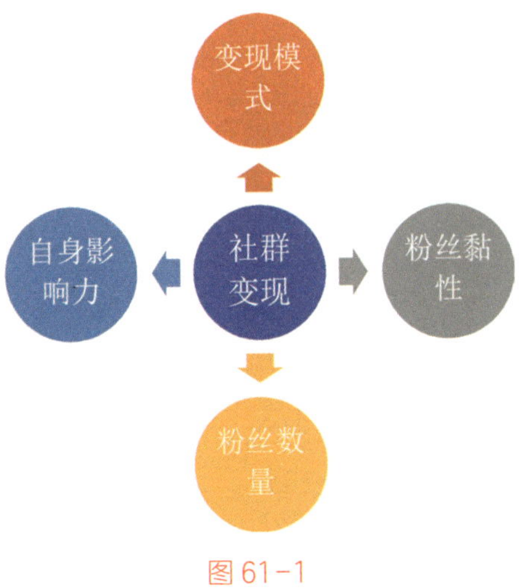

图 61-1

4. 何时考虑变现的问题

打造社群的最终目的，是为了实现流量的变现，况且维护社群本身也需要付出人力、物力上的成本。不去考虑和不去设计盈利模式，社群一样无法长久。何时考虑变现的问题，有四个影响制约因素（见图 61–1）。

只有当自身影响力（人格魅力）达到一定程度，粉丝量突破一定临界点，粉丝具备较强的忠诚度，且有合适的变现模式时，方可以考虑变现的问题。

否则，如果只是跟风去打造社群，不去深思建群的目的，没有稀缺内容和价值的输出，只想借助社群去获利，从粉丝身上套现的话，那社群很快就会死掉。

第62招 社群营销话术设计

社群，即用来添加引流粉丝的 QQ 群、微信群。

当我们用尽心机将粉丝吸引进微信群、QQ 群之后，才是刚刚开始，而非万事大吉了，否则粉丝退群的速度要远远快于进群的速度，让前期的引流努力付之东流。

因此，要想留住这些粉丝，并开展进一步的营销工作，就需要设计好方方面面的应对话术。

1. 欢迎话术

新粉丝入群后，欢迎性话术的设计，要充分换位思考，给人留下良好的第一印象。比如："欢迎新朋友加入我们的大家庭，本群每天定期分享……方面的学习知识，如果觉得群里消息过多，可以设置消息免打扰，等空闲了再查看我们的群。另外，群里面会不定期举行抖音视频同款产品的优惠秒杀哦！"

欢迎话术目的是得到大家的好感，说话的态度不要太过强势，尽量给人留下一个好印象，给他们的暗示应该是——我能提供给你们的是你们想要的，但是又不会过多地耽误你的时间。

2. 群规话术

规则性的话术语气也要尽可能委婉，免得惹人反感。比如："本群是学习交流群，不允许发布广告、二维码、分享和发布其他无关信息哦，如果违规，会被请出去的。”

如果有人对此表示不理解，可这样予以解释——

“本群是学习分享群，为了方便大家学习交流，就要有一个清净的群环境，如果每个人都随意发布信息，那么群里就乱套了，时间长了大家自己都会由于反感而退出。而且，太多的杂乱信息也容易让大家忽略一些关键性的优惠信息的。”

3. 转介绍话术

当群里有人想介绍朋友加入时，可以这样设计回复话术——

“亲，把咱们的群号发给你的朋友，申请加入时让他填写验证信息：×××××。管理员看到这个暗号后，就会准许加入了，否则是无法通过的。”

4. 成交引导话术

群里面除了进行日常学习分享信息之外，不要忘了最终的营销目的，在发布产品信息时，可根据产品类型来设计具体的成交引导话术。

比如：“我们的爆款产品又到货了，为了感谢大家一直以来的支持与陪伴，优先向群里用户开放购买，凡是本群用户，一律 8 折优惠，转介绍的其他用户可以享受 85 折优惠，这批货数量不多，需要的朋友可以抓紧考虑一下。注意，为了不过多打扰大家，本信息只发布一次。”

评论量较少时如何互动

抖音是社交媒体，通过抖音来引流、营销本质上是社交媒体的互动营销。因此，与抖友们的互动也是很重要的，可以针对抖友们的评论挑选一些及时回复，让抖友们能够真实感觉到你的存在和真诚，对进一步的口碑传播能带来很好的影响。

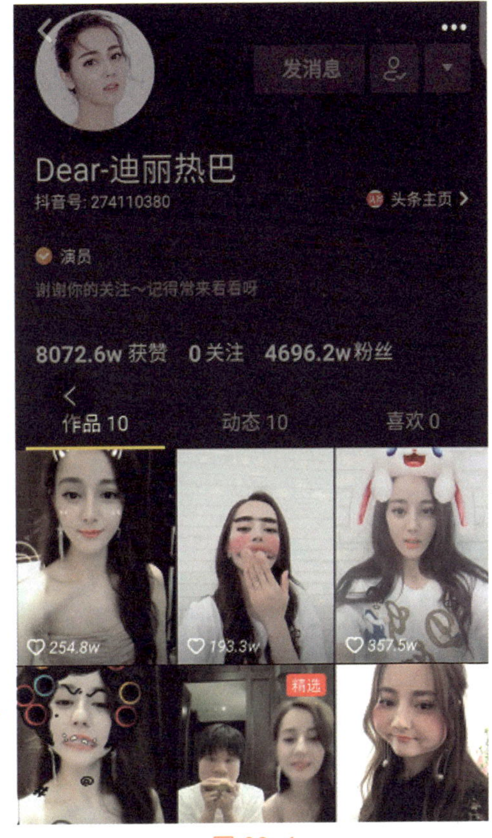

图 63-1

有时，一些经典的回复，还能让粉丝们津津乐道，回味很久，甚至被拿来反复讨论。

迪丽热巴是当下的高人气明星，在抖音上也有大量粉丝，属超级网红级别（见图 63-1）。

关于迪丽热巴，我听说过这样一件趣事：曾有记者当面问热巴，说“好多女粉丝都说想睡你，你怎么看”。孰料，热巴不仅没有回避问题，反而很调皮的说了四个字“来呀来呀”，让粉丝们直呼受不了，这件事还在网上不断发酵，甚至成了一时的新闻热点。

这就是评论回复的互动效应和流量效应。对于普通的抖音运营者而言，也要注意跟粉丝的互动，尤其是前期评论较少时，更要多加回复，让评论区热闹起来。

首先，在时间允许的前提下，尽可能多地挑选一些粉丝的评论进行回复，把话题炒热，将气氛活跃起来；

其次，回复评论时要注意把握一条基本原则，即评论内容较多的给予较多的回复，内容较少的进行简单回复即可，或者直接回复一个表情；

最后，平时多积累一些段子和回复的套路性话语，不要太死板，这样才能得到更多的围观。

第64招 评论量较多时如何互动

仔细观察那些抖音爆款视频，我们会发现，拥有大量评论的视频或是抖音大号，作者往往极少对评论进行回复。

造成这种现象的原因有两点：

其一，粉丝评论量太多，根本回复不过来，有时大量的评论甚至会导致手机卡顿，打开评论页面的速度都会非常慢；

其二，抖音大号或达人已经拥有了相当的知名度和号召力，无需再通过回复来互动、引流，当然更大的可能性是事务繁忙，没有时间回复。不有这样一句话吗，“销售的最高境界是不用售后”，或许可以用“互动的最高境界就是不用互动”来形容他们的状态。

图 64-1

但是，在我看来，一

些适当的回复还是有必要的，即使你的视频再爆，评论再多。具体操作时，可按以下几种思路来进行：

第一，筛选一些有代表性、比较精彩的评论予以回复，让粉丝感觉到你的亲近和温度。抖音上还是有一些比较勤奋的大号作者的，他们乐于回复粉丝的评论（见图 64-2）。

第二，设置自动回复。实在没时间回复的话，可以在系统中进行自动回复设置，聊胜于无，也能让粉丝感觉到你的存在。

图 64-2

第三，当视频内容已经较为火爆，但是想要再上一个台阶，争取更大的流量和互动量时，就需要对粉丝的评论做好大批量有针对性的回复。我看到过这样一个案例：某抖音大号的一个视频达到了 200 万的播放量时，作者特意回复了将近 500 条粉丝评论，结果这条视频此后一直被系统推送，直至达到了 5000 万的播放量，成为超级爆款。这种评论思路是可以借鉴的。

第65招 抖音私信的妙用

抖音有私信功能，关注特定抖音账号之后，就可以给其发私信。私信有数量限制，只可以给关注对象发 3 条私信（见下图），同样你的粉丝也可以给你发送 3 条私信。

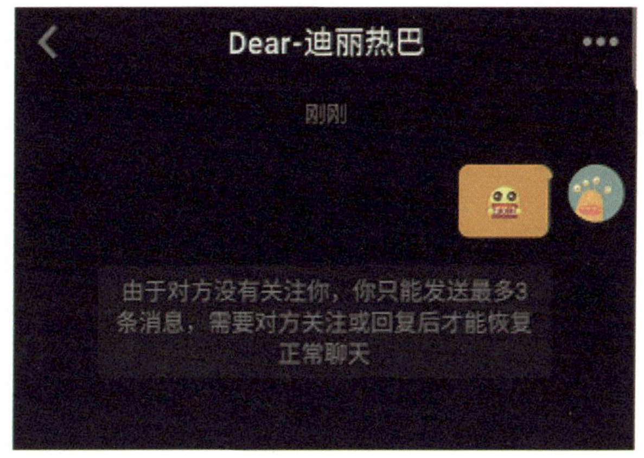

图 65-1

发送私信之后，除非是对方回复或是关注你之后，否则是无法进行正常聊天的。

通常，私信有以下几种意图：

1. 寻求合作型

比如寻求广告合作或是线下的其他合作，这是抖音营销最渴望达到的效果，要把握好机会。

2. 求教型

如果视频本身比较有特色，有亮点，会有很多求教者慕名而来，通过发私信的方式，希望得到作者的指教。这也是高质量的粉丝，如果作者恰巧是搞相关领域培训教学的，则有很大的成交潜力。

3. 求购型

如果视频中展现的是一些特色性的小物件、商品的话，感兴趣的粉丝就会以私信的途径询问购买方式。这种引流效果和粉丝的价值更是无需多言。

4. 互粉型

这种多是群发，求互粉，可根据自己的账号运营阶段和运营情况予以相应处理。

5. 好感型

这类私信者多是对视频作者有好感，存在仰慕之情，希望私下交流，很渴望得到回复，可酌情予以互动。

当然，如果实在不想要粉丝的私信打扰，还可以在抖音账号隐私设置中关闭私信功能。不过不建议这么做，这样会违背我们利用抖音进行引流、营销的初衷，如此精准的流量入口怎么能关闭呢?

第66招 获得长视频发布权限

“未来，每个人都能出名 15 分钟。”这是著名波普艺术领袖安迪·沃霍尔（Andy Warhol）的一句名言。

1987 年去世的安迪·沃霍尔没有见证互联网时代的到来，更没想到他的判断被抖音以更极端的形式来实现——现在，在抖音上，每个人都有出名 15 秒的机会。

不过，抖音上并非都是 15 秒的短视频，我们发现有些拥有大量点赞和海量粉丝的大号，也可以发布 30 秒、45 秒、60 秒的长视频。

我们知道，由于时间限制，15 秒短视频堪称浓缩的精华。但是凡事有利有弊，某些特殊的想法、意图在 15 秒内往往很难被完全实现，尤其是一些有着特定引流、营销目的的内容。那么长视频就给了我们更多的选择，有了更多的内容创作空间。

其实，抖音是可以开通长视频权限的，前提是要拥有超过 1000 名粉丝。开通流程如下：

首先点击抖音 APP 主页右下方的“我”进入个人界面（见图 66-1）。

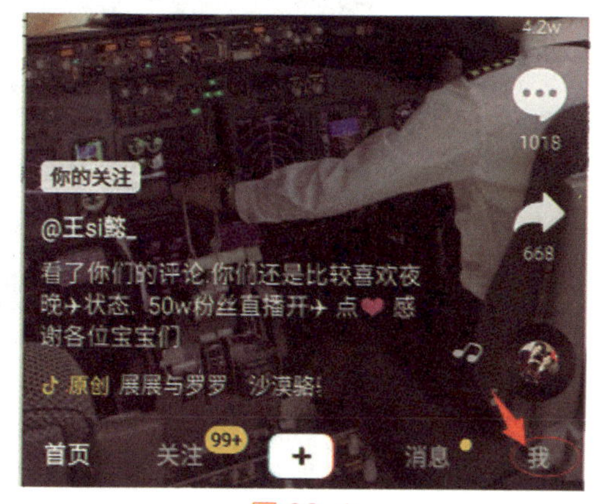

图 66-1

接下来，点击个人界面右上方的“…”（见图 66–2）。

图 66–2

进入设置页面后，依次选择“反馈与帮助”—“视频播放”/“录制”/“上传”/“长视频权限”/“合拍”—“如何获得长视频权限”—如何获得长视频，会看到这样的提示（见图 66–3）：

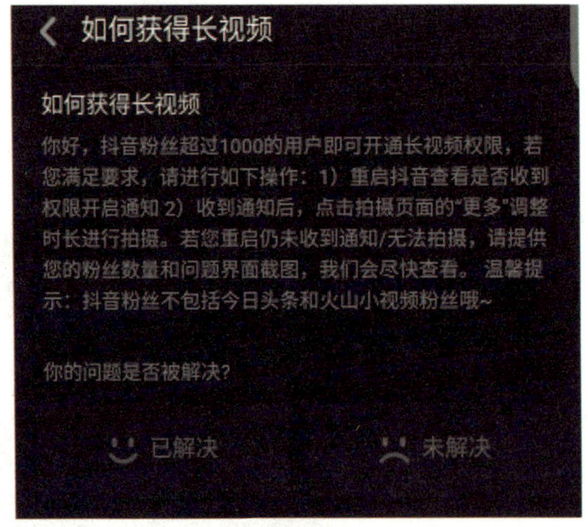

图 66–3

如果满足粉丝数量指标，即可进行申请。

第67招 开通抖音直播

网络直播，互动性强，具有极佳的引流、增粉效果，且能通过粉丝送礼物来变现。抖音平台也有直播功能和直播入口，点击抖音首页右上角的两个实心圆点就会弹出热门直播（见图 67-1 和图 67-2）。

开通抖音直播权限，有三种途径：

图 67-1

图 67-2

1. 早期开通者

前期抖音曾开放过直播申请，当时门槛比较低，有一定原创视频和粉丝量的用户都可以开通，现在具有直播权限的用户有很多都是那个时期开通的直播权限。

2. 平台邀请型

对于一些外表出众、才艺俱佳的主播，抖音平台会主动邀请开通直播。

3. 自愿申请型

目前，抖音再次开放了直播申请，不过门槛已经大大提高。

抖音平台直播权限的申请条件为：

（1）粉丝数量超过 5 万，已上传作品的平均点赞量超过 100，且作品多为抖音直接拍摄（非上传）；

（2）技术达人或发布其他优质多元内容的达人；

（3）积极参与抖音产品内测的体验师。

上述三个条件只要满足任意一个条件即可进行申请。如果你符合申请条件，可以发送邮件至：fddeback@amemv.com。邮件标题为：抖音直播申请 + 抖音昵称。邮件内容包含：抖音昵称 + 抖音 id+ 抖音个人主页截图 + 抖音作品连接 + 本人身份证照片。

资料提交后一周之内，抖音工作人员会与申请者联系。如果你成功获得直播开通申请，并希望和抖音签署直播合约，须再次发送邮件至：fddeback@amemv.com。邮件标题为：抖音直播合约申请 + 抖音昵称。邮件内容包含：抖音昵称 + 抖音 id+ 本人微信号。

第68招 玩转直播互动

直播的精髓是互动，直播不同于提前准备好的视频，没有彩排过程，直接上场。互动技巧的好坏将会直接决定直播间的氛围、是否冷场以及直播效果。

1. 姿态要轻松自然

直播最忌表情僵硬，没有肢体动作的配合，但是新手恰恰在这一点上存在短板。当然，如果是女性新手初次直播，略带羞涩，稍微有些扭捏的话，可能还会被观众视为可爱，但是应当把握好分寸，不可一直持续这种风格，否则会被认为是做作。

直播时应尽量做到轻松自然，大大方方。这样粉丝也会出于一种轻松无戒备的状态，主播自身也会逐渐放开，适应直播的节奏，进入一种较为舒适的境界。

2. 做到礼貌热情

要让粉丝感受到你的礼貌和热情，比如：

· 对进入直播间的粉丝，要表示自己的欢迎；

· 对送礼物的粉丝，要表示自己的感谢，能顺便说出他们的名字就更好了，比如“谢谢 ×× 哥哥的礼物”；

· 时不时地提醒、鼓励别人关注你的账号；

· 直播屏上出现的问题，如果有间隙就要及时做出回答，这也是避免冷场的一个小技巧；

· 对于送出大礼的粉丝，要予以特别感谢，比如特意唱一首歌以示谢意。

3. 唱歌跳舞段子齐上阵

直播时间一般较长，确保长时间不冷场，是合格主播的基本素养。那么，平时就要注意多积累，如果你擅长唱歌，就多准备练习一些流行歌曲；如果擅长跳舞，就多学习一些能够带动节奏、活跃氛围的小舞蹈。

对于当下一些热门段子，也要注意积累，尽量背下来，如果实在做不到，也可以在镜头捕捉不到的地方放一些提示白板。另外，再配合当下一些热门话题，如此混搭起来，相信你的直播间就不会再冷场了。

4. 注意照顾到新粉丝

直播间可能不断有人进入，这时，一定不要长时间冷落新粉丝，忽略他们的存在。特别是当新粉丝进入直播间后，主播还一直在长时间同老粉丝互动、聊天，这会引起新人的反感，很可能会立马离开。因为粉丝进来是想看主播的表演，而不是欣赏他们同少数几个人的打情骂俏。因此，主播要随时关注直播间的动态，照顾到所有人的感受，掌握好直播的节奏，不要跑偏。

动态封面与静态封面的切换

打开抖音短视频 APP 之后，进入个人封面（见图 69–1），看到的视频作品往往都是动态的，这种酷炫的动态效果是系统默认的。

如果不喜欢这种眼花缭乱的滚动效果，那么有没有办法将封面设置为静态呢？

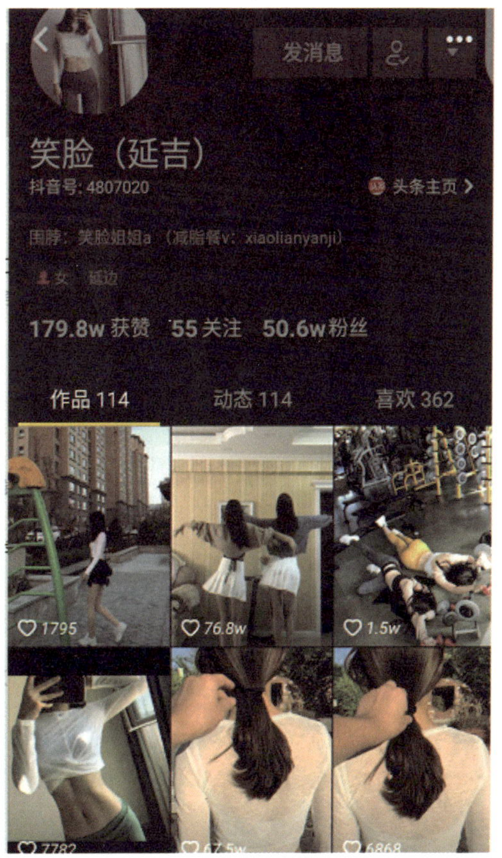

图 69–1

当然是可以的，首先打开设置页面（见图 69–2）。

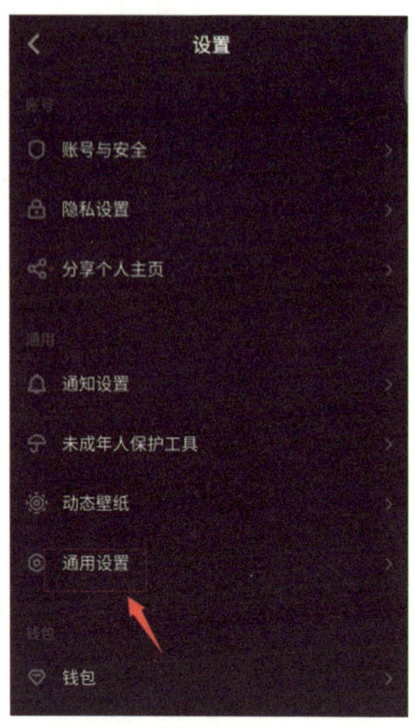

图 69–2

点入“通用设置”（见图 69–2）。

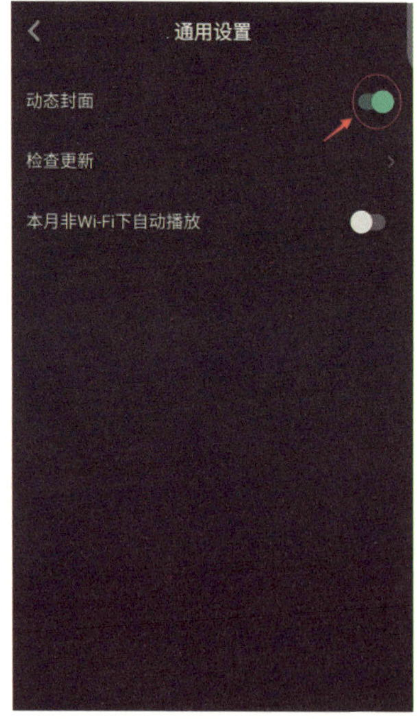

图 69–3

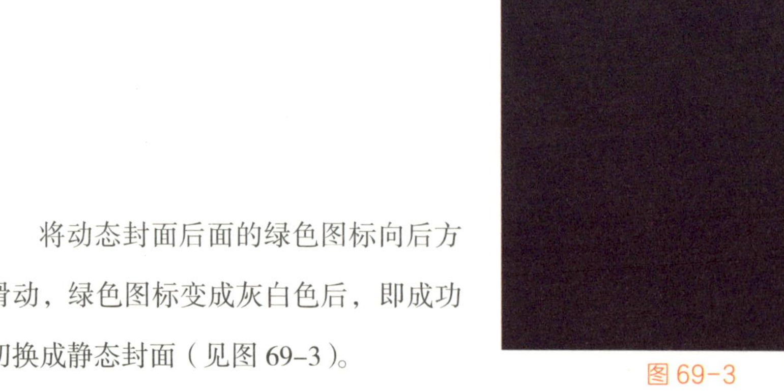

将动态封面后面的绿色图标向后方滑动，绿色图标变成灰白色后，即成功切换成静态封面（见图 69–3）。

关注抖音小助手

抖音小助手是抖音的官方账号，该账号会定期推送每周精品视频内容和热搜内容，同时也会分享一些抖音的新玩法，有助我们了解抖音的流行趋势，能够为自己的视频创作提供思路。

另外，我们发布的视频也可以选择 @ 抖音小助手，这样就有可能被它看中，从而获得上精选的机会，获得更多的流量。

首先，我们可以在抖音首页搜索“抖音小助手”（见图 70-1），然后点击关注，即可了解抖音官方的最新动态，也可以查看其以往发布的视频。

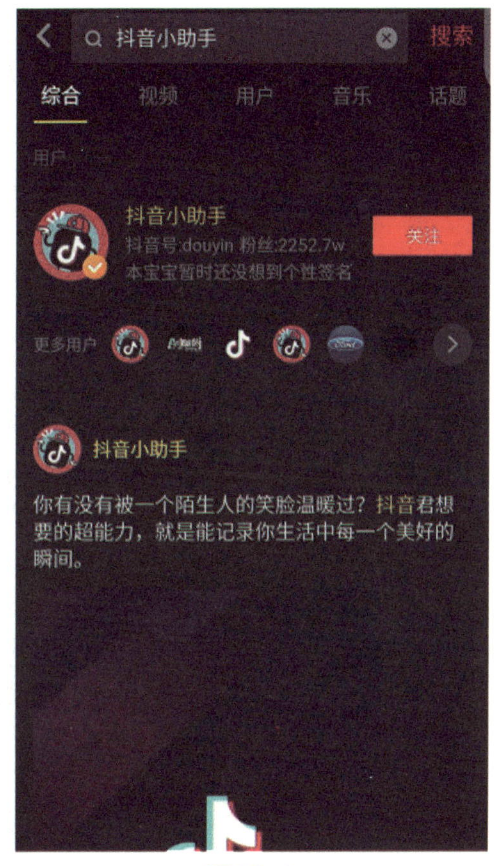

图 70-1

其次，在抖音首页，点击“消息”，也可以找到抖音小助手（见图 70–2）。

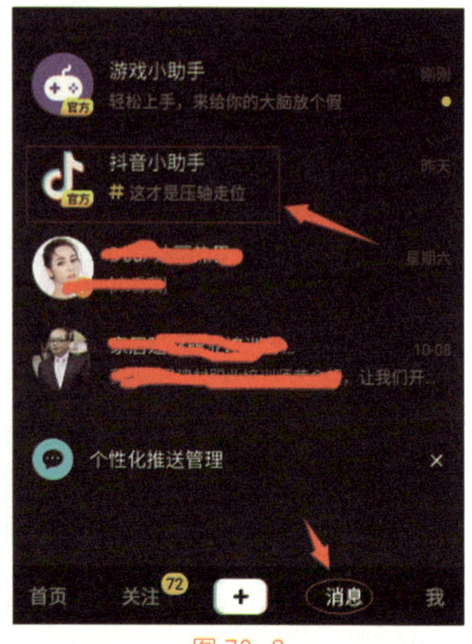

图 70–2

点开之后，可以看到一些最新的活动动态（见图 70–3），也可以酌情选择参加。

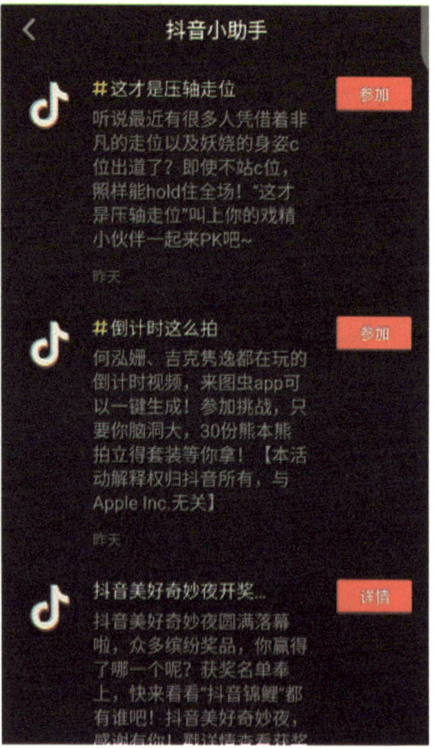

图 70–3

第71招 团队化运营抖音自媒体

抖音账号的运作模式有两种：

1. 个人运作

即单打独斗的模式，所有创意、策划、内容组织、视频拍摄制作、后期推广，全由一人所为。这是一种比较常见的玩法，也是绝大多数抖音自媒体的运作模式。

2. 团队化运作

即采取团队合作的模式，团队成员充分分工，各司其职，优势互补，用专业的人员和专业的设备，以专业的流程和严格的标准来制作专业的视频。这是一种专业的玩法。

团队化运作模式在专业度、持续化生产能力上都优于个人单打独斗。不过，团队模式需要大量的资金、资源和人力投入，非一般个人所能承受。比较适合企业组织和个别的明星、网红以及大V。

一个成熟的抖音运营团队需要以下几个方面的人才：

1. 策划人员

策划人员要及时了解抖音平台的最新动态、流行趋势、热点讯息、创新玩法，这样才能够产生一流的创意，策划出顺应潮流的作品。

2. 文案

配合策划方案，落实视频的标题、字幕以及其他文案。

3. 摄制人员

包括摄影师、模特、设计师等，负责将策划人员的创意落地，将视频拍摄、制作出来。

4. 社群运营人员

主要用来运营粉丝社群，进行粉丝互动，及时回复粉丝的留言和私信，同时根据账号的营销属性，做好粉丝导流，最终实现粉丝变现和其他的营销效果。

抖音大号关注小号

大号带小号，大小号互动、引流，是抖音达人的常用玩法。实操中可以准备多个抖音账号，同时多准备几台手机，免得频繁切换账号。

大号带小号的一个常用办法是关注小号，在个性签名或标签中予以说明；当然反过来也行得通，也可以是小号关注大号，来看一个案例（见图72–1）：

图 72–1

该用户在签名档备注有“大号抖音关注里”，点开该账号的两个关注，可以看到其他的账号（见图72–2）：

这样就能实现大小号之间的流量互通，互为入口，带动各个账号的活跃度和粉丝量。

另外，大小号在发布的视频中也可以选择 @ 其他账号，增加对方被展示的机会。如果各个账号是由不同的人来操作，也可以让对方第一时间知悉自己的动态，从而及时做出互动、回应，下图中的视频就在文字描述中 @ 了自己的其他账号（见图 72-3）。

图 72-2

图 72-3

大号“喜欢”小号作品

大号带小号还有一个相对较为隐蔽的流量入口，在个人页面“喜欢”一栏里面，可以放置小号或大号的视频，实现引流效果。

这里还以抖音用户“阿康小朋友”为例，在其喜欢视频列表中（见图73-1和图73-2)，就有内容来自其另外一个账号“阿康有只长板”。

图 73-1

图 73-2

正是这种大小号之间的相互引流，使得该视频成为爆款，上了抖音推荐的热门，获得了超过 76 万条的赞。

喜欢一栏里适合收藏其他账号发布的有爆款潜质的内容，这样一旦将关联账号中的一个或几个账号推至热门，将会给所有账号带来可观的流量。

让小号来评论互动

视频发布后，大号也要在评论区酌情进行回复、互动。但由于身份限制，有些引导性的评论是不适宜亲自而为的，否则容易引起粉丝的反感。作为视频内容的发布者，总体还是要保持一种较为客观、公正、中立的形象。

而作为小号则没有这种顾忌，可以在抖音政策许可范围内，随意以粉丝的身份发布各种评论和互动信息。

通常，小号比较适合进行这样几种引导性评论：

1. 引导互动

小号进行的引导性评论，作为大号自身互动的一种补充，用来活跃评论区气氛，还可发起话题，带动节奏，吸引正常评论的粉丝参与新的互动，从而为视频带来二次流量。

2. 引导购买

如果大号发布的视频有明显的产品营销倾向，且有网店和线下实体店或其他销售渠道的话，那么就可由小号来通过回复评论的方式引导大家购买。来看一个案例（见图 74–1）：

上面案例中的这种评论，就可以由小号来进行，当然案例中的这个评论很可能就是由小号完成的。这种评论同样要注意语气和用词，把握好尺度，免得适得其反。建议是在做这种引导性评论时，暂且忘记自己的营销性目的，而将自己作为一个真正有需求、想要购买视频中相关产品的顾客，仔细揣摩他们的心理，以此心理为基础，做出真实反应即可。既不要太夸张，做得太惹眼，也不要扭扭捏捏，欲盖弥彰，否则效果都不好。

图 74-1

3. 引导合作

即可以在评论中回复一些诸如“我想跟你合作，怎么联系呢”或者“能不能教我一下呀，有联系方式吗”此类的内容，主要发挥的是告知性作用，让评论区的粉丝知道还有合作的模式，创造变现的机会。

第75招 打造抖音账号矩阵，实现流量裂变

除了大小号的模式，如果人力和资源条件具备，比如以团队运作抖音的企业或实力较强的自媒体，还可以打造抖音账号矩阵，实现流量的倍增和裂变。

举例来说，我们在抖音首页搜索“赢在起点”，可以看到很多抖音关联账号（见图 75–1）。

图 75–1

这些账号都是由“赢在起点”教育平台打造，粗略统计了一下，仅仅最前面的三个大号，聚集的粉丝量就已经超过 500 万，相信在这些大号的带动下，矩阵中的其他账号也会逐渐实现流量和粉丝的裂变性增长。

抖音账号矩阵的操作，有几个特殊的注意事项：

1.“主账号＋细分账号”布局

要有一个宣传总体品牌形象的主账号，应重点推广；另外，再根据具体的业务板块所属的细分领域来布局相应的细分账号（次账号）。

2. 独立操作

如果人手充足，应保持各账号的独立运作，同时要实现资源、流量、经验上的互通，共同进步。

3. 不断测试新功能、新玩法

同样，如果条件许可的话，建议可专门设置一个用来进行各种测试的账号，目的是得到一些从公开途径难以得到的抖音操作数据。比如，每天抖音视频的发布上限，根据我们的测试，当视频日发布量达到 50 条时，系统就会做出不要操作太频繁的提示；比如，可以测试同一账号在不同手机上登录，所受到的限制和需要满足的条件；比如，大号带小号各个操作技巧的引流效果……总之，测试的目的是为了在抖音官方政策许可的范围内，发现更多更有趣的玩法，发掘出抖音单个账号和抖音矩阵的最大潜力。

第76招 抖音企业号认证

2018 年 6 月 1 日，抖音企业号上线，开启蓝 V 认证，该标识是蓝色的，区别于个人抖音认证用户的黄 V（见图 76–1）。

图 76-1

蓝 V 认证用户可获得如下权益：

1. 官方认证标识

企业认证账号头像，既可彰显企业身份，也可作为平台上的权威信用背书。

2. 全昵称搜索置顶

还可针对蓝 V 认证用户昵称进行唯一性锁定，独一无二。

3. 企业认证用户可以自定义主页头图

可以打造更直观的品牌形象。

4. 多平台同步

可与今日头条、火山小视频平台同步认证。除此之外，6 月 1 日前已经开通头条“企业认证”的用户也可通过账号关联的方式快速获取抖音认证。

企业申请抖音蓝 V 认证，可以在 APP 客户端进行，操作步骤如下。

首先，在“抖音官方认证”页面，选择“企业认证”（见图 76–2）。

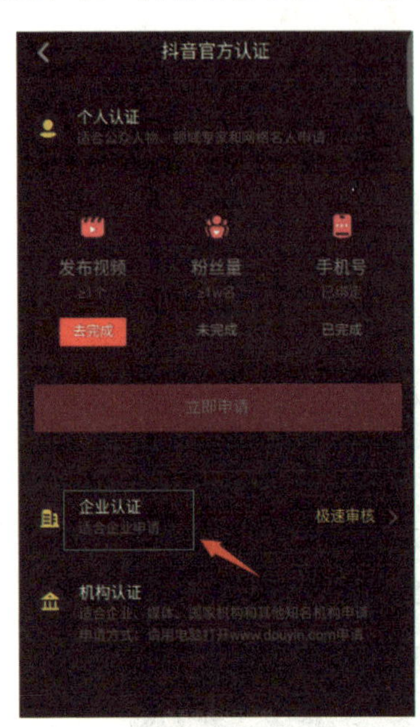

图 76–2

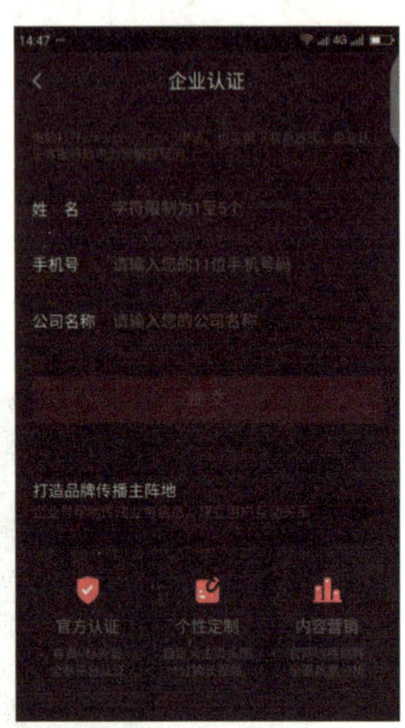

图 76–3

填写相关信息后选择提交（见图 76–3）。

接下来，支付审核服务费上调至 600 元 / 次（注意要进行公对公打款）。并根据提示上传企业相关资料——

a. 提交账号信息对应的企业主体营业执照彩色扫描件；

b. 认证公函加盖公章的彩色扫描件；

c. 对公账户打款截图。

企业账号认证也可在抖音官网进行，按要求提交认证资料后，审核机构将在 2 个工作日内完成审核。若审核通过，将在 2 个工作日内开通认证。

需要注意的是，抖音企业号有效期为一年。到期后如需继续使用相关功能，需要再次申请认证。

内容规划先行，谋定而后动

抖音企业号多是团队化运作，不仅人员需要做配置、营运需要做预算，同时，对于发布的内容也要做好规划。

通常，企业号发布的内容有以下几种类型：

1. 热点型

主要用来追热点、蹭流量，没有明显的营销性目的。但能够调节账号内容，吸引受众的注意、兴趣与关注，为企业沉淀粉丝。

这种不是直接广告性的视频，有时候比广告性内容的营销效果还要好（见图 77-1）。

图 77-1

这是小米手机的官方抖音号在母亲节发布的一条视频，视频内容切合热点，很有感染力。尤其是标题写得很有一种伤感美，“妈妈是个美人，岁月你别伤害她”。这条视频点赞量接近 70 万，转发量也有 1 万余条，还上了热门，传播引流效果非常好。

2. 形象型

形象型内容也不是直接广告营销性

内容，而是从侧面来展示企业或企业员工的日常，甚至是同企业品牌看似毫无关联的小段子、小日常。主要以紧贴抖音属性的优质内容来吸引粉丝的注意，为企业沉淀粉丝。比如，支付宝的抖音账号所发布的内容即是此类，内容以热门段子为主，跟企业和品牌的关联并不紧密，但这并不妨碍其营销效果。甚至由于一些段子的创意和内容俱佳，而多次上热门，这种视频适合长期品牌形象的打造（见图 77–2）。

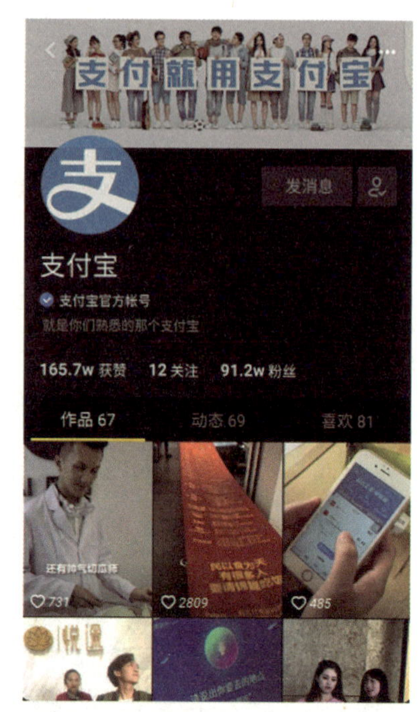

图 77–2

3. 广告型

即企业形象和产品的广告宣传类视频，受众对于纯广告的内容通常是抵触的。但是，企业在一些关键的营销节点又不得不发布一些营销性信息，为了弱化受众的反感，就要在内容的创意、制作上多下功夫，尽量给观众呈现出一个赏心悦目的精美视频。例如，一汽奥迪入驻抖音后，投放了很多代价昂贵、制作精美信息流视频，既能够完美地展示企业形象和一流的产品力，也能够吸引大量人围观，奥迪 Q5 的一则广告视频，就赢得了 30 多万条点赞（见图 77–3）。

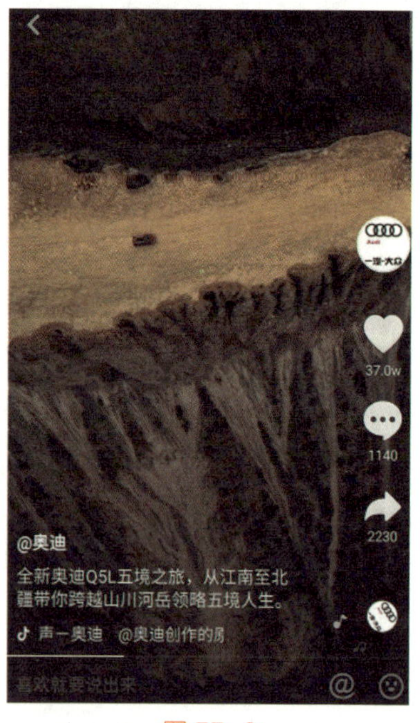

图 77–3

添加官网链接

我很赞同这样一句话："免费的东西是最贵的。"反过来说，付费服务一定有其独特的价值和物有所值之处。

付费开通的抖音企业号就是最好的例子，获得认证后的企业会得到很多福利、权限（见表 78–1）。

表 78–1

序号	权益名称	简要描述
1	认证外显标识	企业号昵称下方展示蓝√标识，及认证信息
2	自定义头图	企业号主页可设置自定义头图
3	视频内容置顶	企业号主页可设置 3 个置顶视频
4	官网链接	企业号主页增加官网链接跳转按钮
5	1 分钟长视频	企业号发布视频最长时限可达 1 分钟
6	电商购物车（暂未上线）	在视频内添加购物车功能，支持跳转至店铺
7	私信自定义回复	用户私信触发关键词，将自动回复
8	认领 POI 地址	企业号可认领 POI 地址并编辑门店信息
9	认证同步	免费同步认证信息至其他平台
10	昵称搜索置顶	企业号昵称全匹配搜索时置顶显示
11	昵称锁定保护	企业号之间昵称不允许重名，先到先得
12	数据分析	企业号运营数据、主页数据、互动数据

图 78-1

这里要特别提一下特殊权限第四项的官网链接（见图 78-1）。

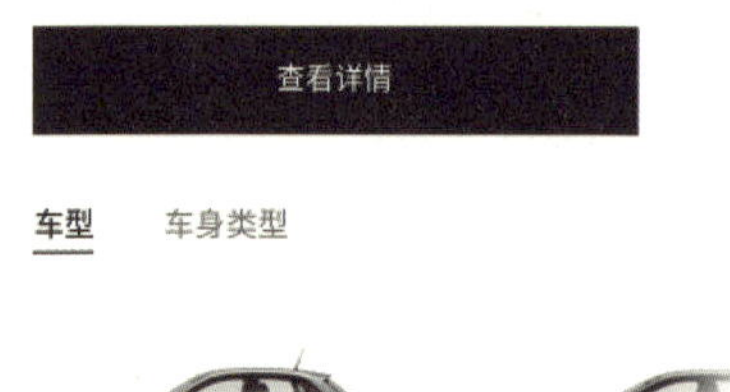

图 78-2

这是奥迪的官网链接，点击可以跳转到奥迪的官方网站（见图 78-2）。

这是直接的引流模块，我们的思路还可以更开阔一些。其实不止是官网，企业想放置的宣传营销性链接都可以挂上，比如各种网店、微店、活动、产品、网站、网页的链接，从而实现精准的引流，为目标页带来更多的展示机会和访问量。

建立企业品牌人设

“两微一抖”（微博、微信、抖音），是当下企业开展新媒体社交营销的主要渠道，而抖音正在成为最新的主战场。

作为新兴的社交媒体，抖音能够让品牌实现更加碎片化、视觉化的内容输出，填补了微博、微信的空白。

抖音正值营销红利期，就像微博成就了杜蕾斯一样，下一个或下一批社交媒体营销的经典范例将诞生于抖音。事实上，当下已经有大量的企业品牌入驻抖音，其中既有奥迪、大众、阿迪达斯、海底捞、诺基亚、联想等传统知名企业，更不乏小米、天猫、支付宝、马蜂窝、京东、腾讯动漫等知名互联网公司。

作为流量洼地的高价值内容永远都是关注的焦点，因此，企业应该结合自身品牌/产品特性，去开展抖音品牌营销，为品牌传播寻找更多可能性。

企业抖音营销要围绕建立品牌人设来展开，目的是聚拢起目标用户群体，增加粉丝黏性。

首先，要根据企业、品牌受众的需求、痛点，来进行抖音营销定位，给抖音账户一个基本的人设，做好内容规划，确保内容创作的主线；

其次，通过好玩的创意、优质的视频内容，以蹭热点、发起挑战赛、参与各种互动的积极姿态，来聚拢潜在目标用户，打造粉丝社群，提高粉丝黏性和忠诚度；

最后，通过长期优质内容的输出，持续吸引用户，并使老用户不断沉淀下来，逐渐扩大品牌在抖音上的影响力和粉丝流量池。

第80招 营销部成功的三个误区

广告界有一个经典描述：我知道我的广告费有一半打了水漂，但是我不知道是哪一半打了水漂。

在抖音平台投广告，广告费也有可能打水漂，甚至很可能全都打水漂，如果你不能从以下这几个误区中走出来：

1. 投放广告就要找粉丝多的

抖音上的大V有很多，拥有上百万几百万粉丝的网红大有人在。如果只是将粉丝量的多少作为投放标准，那么你的钱很可能真要打水漂了。

事实上，除了粉丝量，还要综合衡量粉丝是否精准、粉丝属性、粉丝同产品的吻合度，才好下定论。

2. 产品暴力植入

如果你觉得自己花了钱，就要花得物有所值，一定要让产品居于视频的核心，如果强行暴力植入，那么只会受到大V粉丝的暴力抵触。

不要为了植入而植入，创意很重要，植入的方式很重要，干营销的模式在抖音上行不通，要懂得借势而为。例如，有食客在“海底捞”发明了一种超好吃的底料搭配法，称比店里点的底料还好吃，还爆到了抖音上，引起了广泛关注。“海底捞”关注到了抖音上的这一波热点，顺势推出了“海底捞抖音吃法”和“抖音套餐”（见图80–1），吸引了大批网友前去用餐，很多人点的都是抖音套餐。某家“海底捞”门店服务员称：“最近一个月，五桌有三桌都是点抖音套餐，番茄锅底、油面筋桌桌必点，连小料台上牛肉粒和芹菜粒的消耗都是之前的两三倍。”

图 80-1

3. 期望一夜爆红

通过一两个爆款视频，实现广告产品的爆红，有没有这种可能性？当然不排除，但是这种机会是多种偶然因素合力的结果，可遇不可求，企业营销工作不能将希望寄托在偶然性上，更不能期望通过投放一两个视频就能让产品火起来。科学的抖音营销工作，必须要有科学合理规划，任何广告运营都不可能是一蹴而就的，而应该将之作为常态性工作去推进，相信日积月累的力量。

投放官方广告

抖音是一个巨大的自生流量体，且仍在高速增长中，其日活用户每日都在刷新中。而广告收入是抖音的一个重要盈利模式，企业选择抖音投放官方广告，自然是特别受欢迎。

企业在抖音平台投官方广告，需要讲究方法和策略。

首先，要根据自身情况和广告目的，选择适合自己的广告形式。抖音每种广告类型（见图 81–1）的展示位置、展现形式和收费标准都不一样，其中以开屏广告最为昂贵，企业可根据营销目的和广告预算来选择最合适的广告方式。

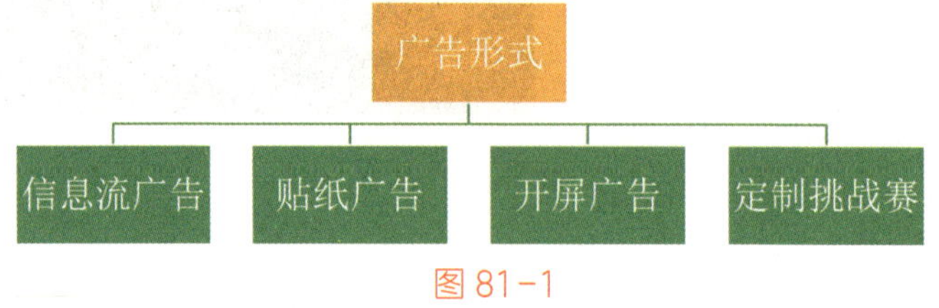

图 81–1

其次，抖音官方提供的付费广告位，只是一个空位，尚需企业自己或委托广告制作公司来拍摄广告视频内容。要注意的是，抖音平台上软广的转化率要远远高于硬广，因此，尽量不要投放简单粗暴的硬广告，应在广告创意、视频呈现形式上多做文章，才能吸引更多用户观看，而不是直接划过，白白浪费广告费。

最后，实现精准投放。即根据品牌、产品定位，向特定区域、特定年龄段，甚至特定手机品牌用户进行针对性投放，提高广告的有效抵达率和精准度，实现精准营销。

第82招 投放非标广告

如果你觉得官方广告比较生硬、价格较高的话，还可以投放非标广告。

所谓非标广告，即非官方的广告。比如你可以直接找抖音上的网红、大V来进行广告合作，即给予广告费，让他们将企业的广告信息植入视频内容中，利用自身的粉丝资源和影响力来达到广告宣传的目的。

网红、大V会成为KOL，他们是在各自领域、行业内有着充分话语权和影响力的人。

非标广告要根据预算来找对的人，目前，抖音非标广告的报价方式通常是基于粉丝量，比如，一个拥有50万粉丝的网红，按照3分钱一个粉丝的标准，一条广告的收费大概就是15000元。注意，这只是发布费用，不包含视频创意。当然，具体还要根据对方的粉丝是精准粉丝还是泛粉，来进一步议价。

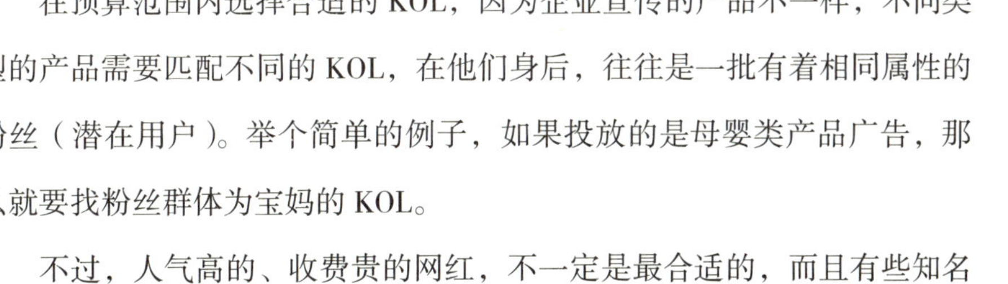

在预算范围内选择合适的KOL，因为企业宣传的产品不一样，不同类型的产品需要匹配不同的KOL，在他们身后，往往是一批有着相同属性的粉丝（潜在用户）。举个简单的例子，如果投放的是母婴类产品广告，那么就要找粉丝群体为宝妈的KOL。

不过，人气高的、收费贵的网红，不一定是最合适的，而且有些知名网红还会对广告内容有所限制，局限性较大。总之，要选择同自己品牌、产品气质、形象吻合的 KOL。

敲定人选之后，在具体视频内容的制作上，企业可以提供基础创意和要求，视频的具体实现方式要充分尊重 KOL 的意见，毕竟他们是专业的。一个基本原则是，要做到产品的巧妙软性植入，既能最大化曝光产品，同时又不让粉丝反感。

跨界营销跨界“撩”

我对跨界的理解是：某个消费群体总需要大致相通而品类不同的各种延伸性产品、服务，将它们聚集整合起来，就能实现关联营销，流量共享。

融入了新的跨界元素的产品能给用户带来新鲜感，并会带来全新的产品感知，树立起更丰富的、多面化的产品形象，从而实现更多的曝光。

相对其他媒体，抖音更容易实现转折性剧情和互动性媒介，能够给品牌的跨界化提供更多的实现形式。

跨界可以视为一种“抱团取暖”的合作方式，可为参与者带来诸多积极效应：

1. 实现粉丝资源共享

跨界合作方之间，可以实现粉丝资源的共享，以实现资源整合、资源营销。

2. 降低营销成本

跨界合作一般是由双方和多方共同投入，可有效降低广告宣传成本，同时还能够增加产品或服务的渗透率。当然，也可以是单方面发起 @ 其他品牌，实现借势，实现流量倍增，也可变相降低客户人均获取成本。

3. 提高传播效率

通过跨界合作企业可以利用其他品牌的影响力和传播渠道进行宣传，

彼此搭便车，能有效提高传播精准度和效率。

抖音上跨界营销的实现途径有很多，比如：某化妆品 + 某服装品牌的产品跨界结合；某手机品牌发起挑战 @ 其他竞品参与的；有合作关系的品牌之间的互动与配合；等等。

善做口碑营销

对企业、商家而言，消费者的态度是最好的口碑，人们买了一件新衣服，感觉这件衣服很漂亮、很值的时候，人们享用了一餐美食，心情舒畅的时候，就会情不自禁地向周围的朋友推荐。

所谓口碑营销，其实就是让消费者来口口相传。抖音上的口碑营销最常见的招数是——拍顾客排队，长长的队伍是最好的无声口碑。其实，爆满的店铺、排队的顾客、等位的顾客、忙碌的工作人员都是口碑传播的对象，比如在抖音上火起来的“答案奶茶”就是这种推广模式。

口碑传播要想进行得更快更广更好，同时又可以让消费者“自然的、发自真心”地去进行正向传播，需要满足四个要求（见图 84–1）：

1.让每一个消费者对产品、服务留下好印象，不留死角	2.让消费者更容易碰到适合传播的场景和事件
3.让消费者更容易记忆和表述曾经体验过的产品、服务的美好印象	4.让接收口碑传播的一方能易于接受、理解和记忆信息，更容易转化为实际客户

图 84–1

直白来说，好的产品（服务）才是口碑的发动机，是所有基础的基础。产品（服务）品质是1，口碑传播都是它身后的0，没有前者的1，后面的0将没有任何意义。甚至，当产品（服务）存在瑕疵的情况下，盲目进行口碑营销，只会带来更大的负面口碑风暴，让商家难以承受。

直接展示产品

企业抖音号，不论进行的是品牌宣传还是产品宣传，不论进行的是单纯引流还是直接营销，最终目的都是让目标用户消费企业的产品。

因此，不要忘了这一根本营销属性。在必要的时候，可以在视频中直接展示产品，以奥迪为例，可以看出其发布的视频内容基本上都是产品信息（见图 85-1）。

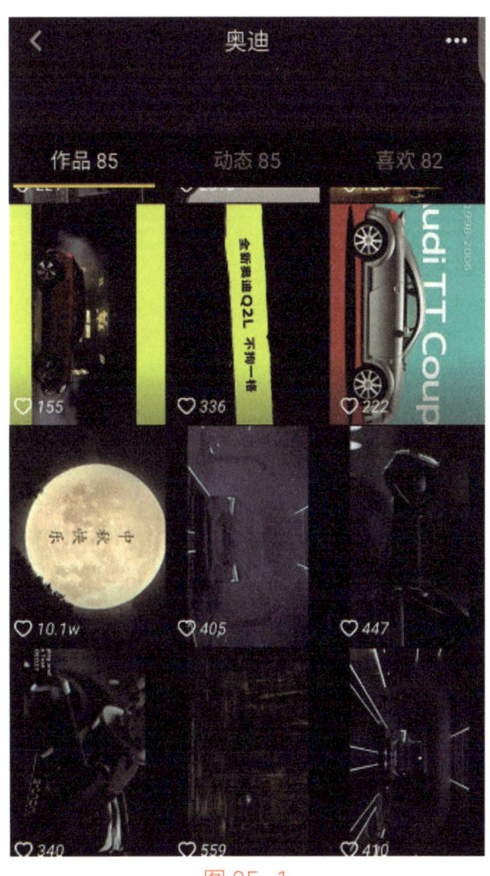

图 85-1

从原则上讲，所有的产品都可以直接在抖音中秀出来，但要想取得更好的传播效果，用来展示的产品通常要满足这样几个特性：

1. 高格调

比如奥迪，本身就是豪华汽车品牌，再加上大投入、大制作，精美的视频内容格调很高，这本身就是一种卖点。

2. 新奇特

人们都有猎奇心理，如果你的产品具有新奇特的属性，那就不要绕弯子，直接展示出来。

3. 话题性

如果产品既没有高格调，也没有新奇之处，但如果自带话题属性，让人们乐于参与讨论、传播，也可以作为一个聚焦点来传播。比如，海底捞火锅，就容易在抖音上引起话题。

第86招 产品植入要符合视频调性

如果想在抖音视频中做硬推广，即产品的推广，那么首先要确保产品的调性和视频的调性相符，要在一个频道和节奏上，二者相得益彰。

在视频中植入产品信息，最大的误区是重点突出了视频，而忽略了产品。来看一个我们提到过的案例（见图 86-1）：

滑板小哥哥的这条视频，从引流的角度看非常成功，各项数据还在不断攀升中。大家的关注点在于背景音乐、小哥哥行云流水的滑板动作以及洒脱飘逸的服饰上，翻看详细信息我们了解到，这名小哥哥是做服装销售的，而这条视频同时也有“带货”的营销用意，即推销身上穿的汉服。

图 86-1

不过，大家的注意力显然不在服装上，即使关注到衣服，也很难激发出购买的欲望。同时，还有更关键的一点，这类视频永远都是异性相吸，帅哥美女吸引到的大部分是异性粉丝，这个小哥哥也不例外，想要女性粉丝去购买男装，有些难度。

这还不同于美女，她们或多或少还能通过现身说法吸引同性往一些女性用品（衣服、化妆品）上引流，帅气的小哥哥要想做产品植入有些难度。既然如此，要么就只是引流，不考虑带货，要真想带货的话，就不妨让广告更直接一些，更硬一些，也能起到营销的效果。

经验教学中巧妙植入产品

传播小知识、小技能的教学教育类视频，在抖音上也有很高的浏览量。如果能将产品和经验教学视频结合起来，也能起到很好的传播效果。来看一则小米手机的视频案例（见图 87–1 和图 87–2）：

图 87–1

图 87–2

该视频标题为“巧用手机镜面，拍摄风景大片”，表面是传授拍摄小技巧，实际目的在于展示小米手机的拍摄功能，将产品和视频内容完美融合到了一起，这样就比单纯介绍产品的功能效果来得要好。

这类视频，关键在于找到产品和经验教学的最佳契合点。

第88招 产品植入硬指标

抖音小视频比较短，通常可以在声音、道具、字幕、服装中植入产品信息。植入产品信息是一项艺术，有几项硬性指标：

第一，不能影响受众观看视频。

第二，不要让受众产生厌恶、抵触感。

第三，受众要能感受到植入的产品。

第四，能起到广告营销效果。

满足不了这几个指标的产品植入，要么是让观众反感，要么会让他们无视，都难以实现营销的目的。

因此，植入产品需要特别用心：

第一，产品的植入应同情节巧妙结合，与视频情景自然融合，能够达到水乳交融的境界最好；

第二，产品要与视频的调性和人物的身份相吻合；

第三，产品植入的时机要恰当，既不可喧宾夺主，显得广告太硬，又不可太过低调，低调得让人根本感受不到；

第四，多借助创意性道具以别开生面的形式将产品、品牌展现出来，更容易吸引受众的注意力。

夸张的突出产品卖点

再普通的产品（包括服务等无形产品），也有其卖点。

此处所谓的“卖点”，是指卖产品、服务具备了前所未有、别出心裁或与众不同的特色、功能、内涵。这些特色、功能和内涵，包含两个部分，其中一部分是产品、服务与生俱来的，另一方面是通过营销策划人员的想象力、创造力来产生“无中生有”的。不论它从何而来，只要能使之落实于营销的战略战术中，化为消费者能够接受、认同的利益和效用，就能达到推销产品、塑造品牌的目的。

具体到抖音视频营销，就是要将产品的最大卖点以最夸张的形式呈现出来，形成冲击力，便于观众记忆。比如，宝马为了突出创新跨界车型GT系列的大空间，竟将十余人塞进车里面，令人咋舌。卖点的传播要的就是这种效果，这样印象才深刻。

产品卖点的提炼，要从以下几个方面考虑：

1. 基于用户痛点提炼卖点

卖点提炼要从产品思维、企业思维等单方面思维演化到用户思维、双向思维，基于用户痛点和需求去提炼卖点。

比如，“白加黑”感冒药提炼出了自己的独特卖点“白天吃白片不瞌睡，晚上吃黑片睡得香”，在产品设计上，将感冒药分成白片和黑片，把感冒药中的镇静剂“扑尔敏”放在黑片中，有效解决了用户吃药容易犯困的痛点。

2. 卖点要有排他性

卖点必须要具有明显的排他性，最好是独家卖点，传播起来才能形成爆点。或者经过该卖点的传播，率先在用户心智中实现占位，从而对竞争对手形成壁垒。

3. 做减法和聚焦，寻找最极致的卖点

卖点数量不宜过多，核心卖点则只有一个，这样才便于传播，便于用户记忆。否则，很难给用户留下深刻印象。因此，提炼卖点，需要做减法、做聚焦。要找出产品的所有优势和卖点，越多越好，最后从中寻找最能打动用户的点，将次级卖点去掉，留下最核心的卖点。

实体店推广利器：位置 + 爆款

线下实体店的抖音推广，要利用好位置的定位。我们来看一下特定位置下，抖音视频的展现排序方式，举例来说，我们在抖音上搜索“西单商场”，搜索结果如下图所示（见图 90–1）：

可以看出，视频的排序方式是以点赞量的多少进行的，点赞量越多，排序越靠前。那么，如果我们能够利用好“位置 + 爆款”机制，倾力打造出一个爆款视频，排在搜索展现的前列，那么将会给实体店带来极大的流量。当然，如果能够策划出多个爆款视频，实现搜索展示首屏的霸屏，那么效果会更佳。

图 90–1

借助“DOU+ 速推”打造爆款

爆款大多时候是可遇不可求的，尽管我们在前期进行了精心策划、拍摄，上线后也做了周密的维护和推广，仍然不能保证其成为爆款。

那么，有没有更好的方式来打造流量爆款呢？这时可以尝试借助抖音的“DOU+ 速推”功能，操作步骤如下：

1. 打开抖音 APP，点击“我”（见图 91-1）。

图 91-1

2. 点击“我”后，选择要助推的视频（见图 91-2）。

图 91-2

3. 投放分为：系统智能投放和自定义定向投放。两种投放各有好处，可根据自己需求选择，然后选择投放金额，金额越大，播放量提升越高（见图 91-3 和图 91-4）。

图 91-3

图 91-4

4. 支付完成后显示订单正在审核中（见图 91–5）。

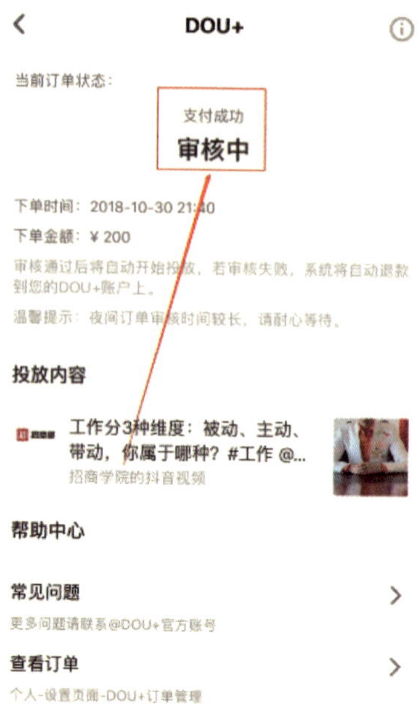

图 91–5

5. 如果投放成功，在“消息”菜单里会显示“视频被加热”，订单也会显示“投放完成”，失败的话会退回账户（见图 91–6）。

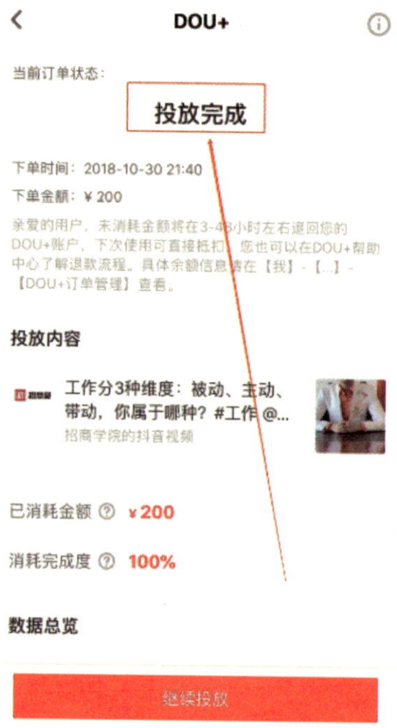

图 91–6

这种付费投放的意义在于，首先能够对目标客户群进行精准营销；其次也能够同时提高视频的播放量、点赞量，提升视频在本地的排序，增加被展示的机会，从而实现良性循环。

自电商：卖货变现

移动互联网时代，任何人都可以随时随地进行商品销售活动，人人都可以成为直销者，每个人都可以是创业者，都可以做自电商。

自媒体通过优质内容分享聚集属于自己的粉丝，形成社群并经营个人流量，自媒体人通过电商模式将个人流量变现的模式就是自电商（见图92-1）。

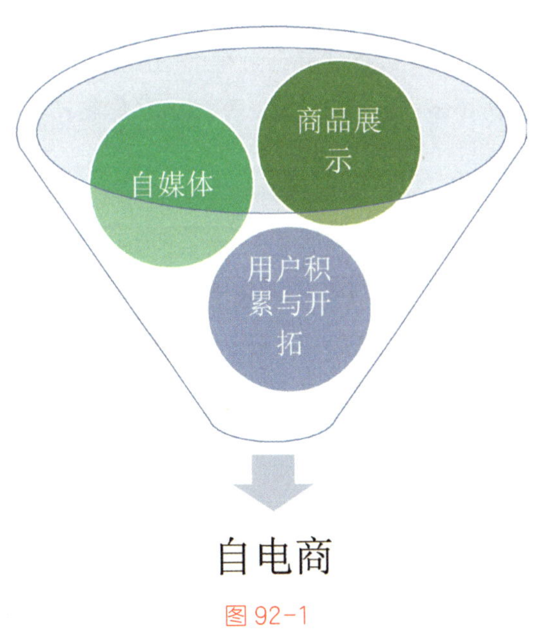

图 92-1

自电商可以被视为粉丝经济的一种，它的交易流程是这样的（见图 92-2）：

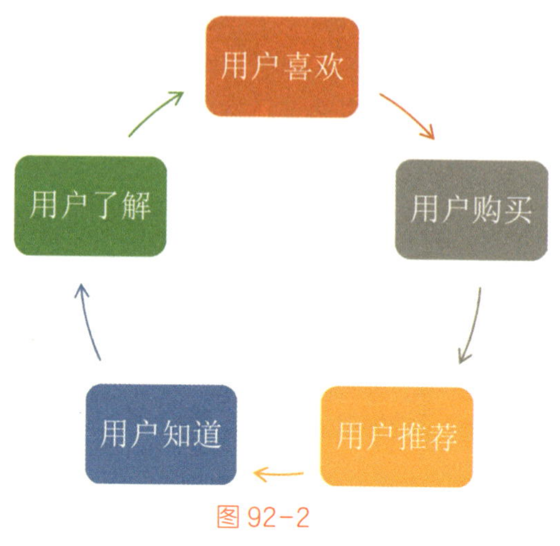

图 92-2

通过社交媒体平台对粉丝社群进行精准的产品营销、宣传（自电商），可有效提高销售转化率，规避传统电商的激烈竞争和高昂的营销费用支出，是一种物美价廉的高效电商模式。

举个例子：某烘焙方面的抖音大号，每天在抖音上分享手工烘焙的知识、技巧、产品类视频，吸引了一批粉丝关注，后基于粉丝信任，开始卖手工蛋糕及周边原料、工具，就是典型的自电商。

抖音自媒体做自电商，有独到优势，也有很多卖货入口，比如抖音账号上的商品橱窗，也可以引流到微信、QQ 群进行营销。

第93招 变现模式多元化

抖音引流的最终目的，是为了实现商业价值，为了变现。除了最常见的电商变现外，还应探索更多的变现模式，实现账号价值的最大化。

1. 广告变现

通过外部广告合作，植入企业、商家的软广告，达到变现目的。这也是抖音官方比较认可和支持的一种变现模式。

2. 引流到线下实体店

抖音视频往线下引流，最经典的案例要数西安“摔碗酒”，该商家坐落于西安城墙脚下的永兴坊。抖音上同类视频有很多（见图 93-1），可以看到，视频中伴随中国风的背景音乐，“好汉”端起一碗黄酒，一饮而尽，随后将碗痛快摔碎。一个短短的抖音视频，引爆了大众的热情，游客纷纷涌向“摔碗酒”的摊点，想体

图 93-1

验一把好汉的感觉。该视频不仅带火了“摔碗酒”商家，捎带着附近小吃一条街都火爆了起来，成为抖音上的网红景点之一。甚至于，西安当地政府为了宣传西安的整体旅游形象，还同抖音官方签署了战略合作协议。

除了常见的为线下实体店导流，让粉丝前去消费外，抖音视频还能实现对一些连锁加盟品牌招商的拓展，吸引加盟商。比如前面提到的“答案”奶茶，据了解，仅仅依靠抖音渠道，就拓展了数百家加盟商。

3. 组织线下收费活动

基于粉丝社群，利用自身影响力，可组织沙龙、培训、演讲、分享、交友、骑车、旅游等线下活动，从活动中盈利，一方面可以获取门票收入，另外还有可能找到赞助商，收取赞助费用。

4. 卖服务

除了销售有形产品，抖音达人还可以卖无形的服务，比如技术指导、培训课程等。

5. 粉丝打赏

开通直播权限的账户，可以在直播中得到粉丝打赏。

6. 卖号变现

在自媒体圈里，有一部分人专门依靠批量运作账号，通过各种手段引流吸粉，待粉丝增长到一定程度，就靠卖号赚钱。

7. 影视演艺收入

一些外形出众、条件优越的抖音超级网红，还有机会进军娱乐圈，或参加各种形式的商演，获得出场费。据了解，网红 papi 酱参加综艺节目首秀的出场费高达 2000 万。

添加“商品橱窗”

商品分享功能，同长视频一样，是抖音平台针对特定用户的小特权。抖音官方对该功能的解读是——

“商品分享功能是指您可以在自己的视频和主页里分享商品的功能。开通此功能后，您的主页会增加‘商品橱窗’入口，您可以在橱窗里添加要分享的商品；如果您在发布视频的时候添加了分享的商品，则视频左侧和视频评论区顶部会有‘购物车’，对您分享的商品感兴趣的用户可以通过‘商品橱窗’和‘购物车’来了解商品的详情并购买。”

商品橱窗展示效果可以参考一下抖音网红杜子建（见图 94-1）：

图 94-1

点击商品橱窗可以进入商品页面（见图 94-2）：

图 94-2

相对于往微信、QQ 引流，这种引流、营销方式更简单，可直接实现卖货功能，是不可多得的变现渠道。

开通该功能，可在设置界面进行申请，依次进入“反馈与帮助”—“申请商品分享权限”/“其他问题”—“商品分享”/“购买”—“如何开通商品分享功能”，最后的提示界面为（见图 94-3）：

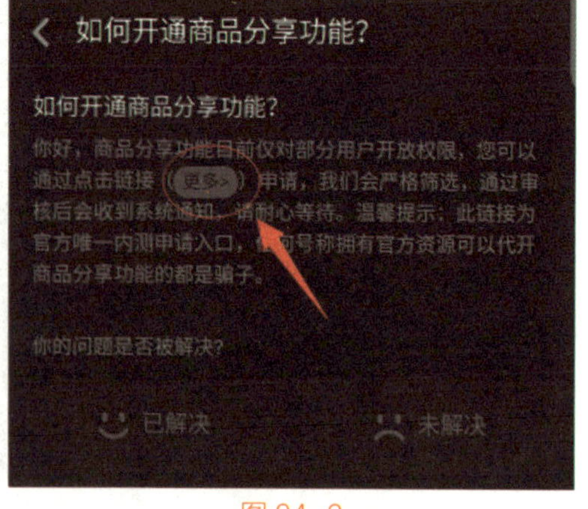

图 94-3

点击“更多”后，即可进入申请信息填写页面（见图 94-5 和图 94-6）：

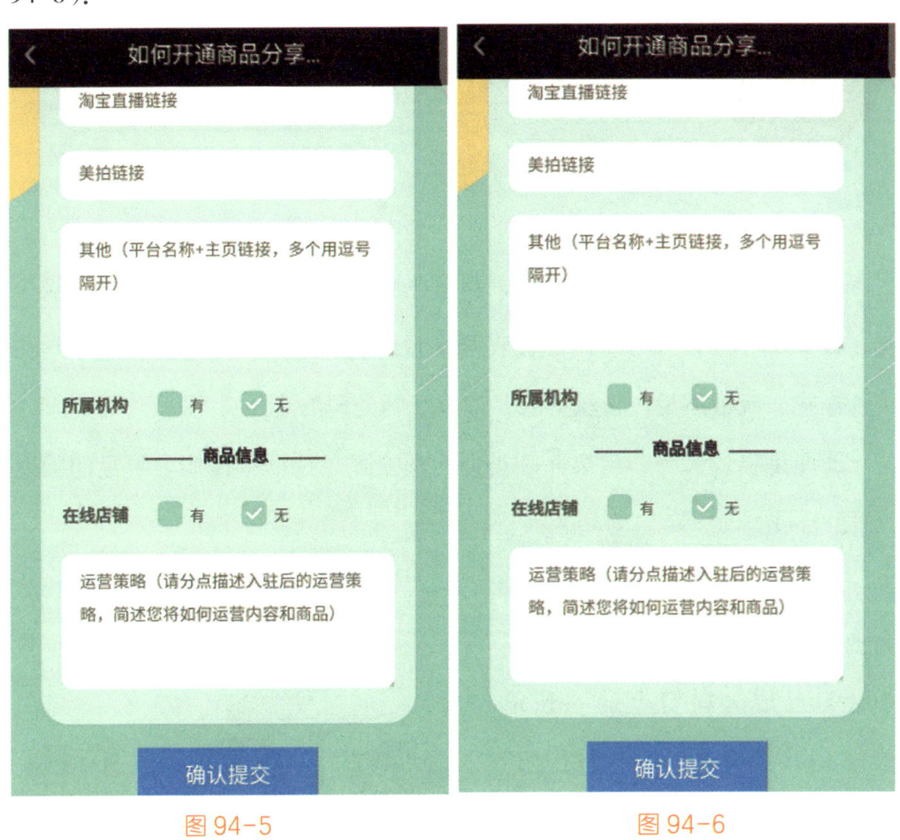

图 94-5　　图 94-6

按要求填写申请商品分享的入住申请，然后提交资料，等待官方审核后，即可开通商品橱窗的功能。

成为抖音上的“独角兽”

同任何领域、任何行业一样，抖音平台上的创作者们也面临着两极分化，极少部分抖音大号、网红在收割平台红利，绝大部分的抖音小号则在苦苦挣扎，流量不足，粉丝有限，难以找到变现的途径。

即便是抖音大号，也会面临类似粉丝下降、持续创作能力不足的困境（见图 95-1）。

走出这些困境，实现持久商业价值的根本解决之道，在于让自己成为抖音上的“独角兽”，这个概念是“今日排行榜”提出的一个概念，所谓“独角兽”，即——

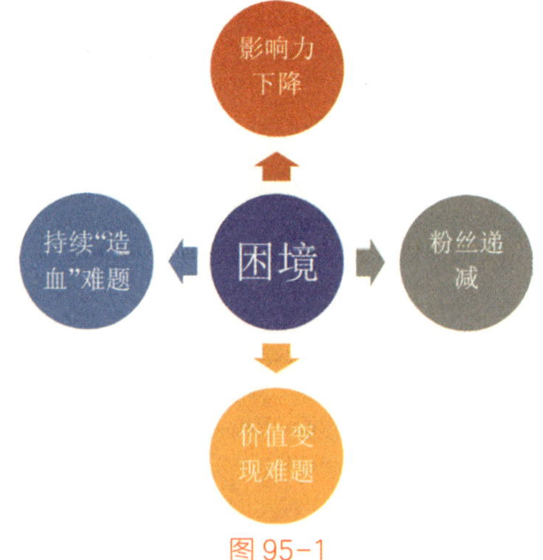

图 95-1

第一，独：是指独立创作能力以及持续输出优质内容的能力；

第二，角：是多音字，是角色的角，是有欲望成为某个行业、某个细分领域、某个所主攻方向的一角，一个角色；

第三，兽：则是指抖音达人的人格魅力，有人格吸引力，有粉丝变现能力，有强大的 IP 力，是一个招人喜欢的神兽。

在垂直领域持续精进

在抖音平台做内容输出，前期会有新鲜感来驱动，再靠毅力来坚持几个月也不太难。难的是常年如一日持续输出高质量内容。时间久了，即使有再多的激情和非凡的毅力，也很可能会因为素材的匮乏和创意的枯竭而难以为继。

一旦不能持续进行内容分享，那么本来黏性就不高的粉丝就会纷纷离去，掉粉不可避免。

如何才能确保持续性的创作能力呢？死磕垂直领域的专业知识和专业技能，不断精进，持续实践、优化、创新，那么，流量一定会伴随你。

分享个极具说服力的案例：

很长一段时间内，不少香皂厂家都认为香皂的功能是显而易见的，没必要去做过于深入的研究分析。后来有一家知名香皂生产厂商组织专业人员，对香皂同人体皮肤、组织、毛发之间的关系进行了长期的深入研究，还将研究结果编写成了厚厚的一本书。这本书到了公司广告人员那里，奇效出现了，广告人员通过认真阅读该书，产生了源源不断的好创意，这个过程竟然持续了五年之久，在这段时间内，该厂家的香皂销量竟然增加了10倍。

这就是进行深入钻研行业专业知识的价值所在，这些研究成果能够使企业的营销工作不再是无源之水，不再是空中楼阁。

抖音创作者钻研垂直领域专业知识，也有同样的效果。研究得越深入、越透彻，你的专业选题和创意才越能源源不断涌现出来。

这个过程需要付出不亚于任何人的努力，才能有所成。最后，再给大家分享一段知名策划专家叶茂中在《叶茂中谈广告》中的一番话——“袁枚讲：磨铁可以成针，磨砖不可以成针。我被他说得心惊肉跳，看自己一会儿像铁，一会儿像砖头，一时间对前途充满焦虑。这不，出于自己对营销策划一知半解的愤怒，最近，我写了一篇决心书，主要的意思是说，我干广告干了那么多年，却还是对策划一知半解，现在，我决定‘重新做人’，下决心一定要把策划基础打牢。”

第97招 抖音自媒体的自我修养提升

不论是抖音大V，还是抖音小号，都是自媒体，具有媒体属性，天生自带社会影响力，其言行举止都具有公众效应，不再单单是个人行为，是一个人格体，因此具备基本的职业操守和个人修养。

1. 坚定操守

利益至上的现实以及网络环境里，某些利欲熏心的抖音大号，为了追求利益而不择手段，肆意渲染虚假消息、用恶俗标题来吸引点击，通过造假来蒙混过关，骗取流量。

如此操作得来的流量和关注，来得快去得也快，难以持久。

抖音自媒体人在从事职业活动中，必须遵从最低道德底线和行业规范，坚定基本的职业操守，懂得自律，管好自己。

2. 思想独立

真正具有影响力、能够成为行业意见领袖的自媒体，都具备思想上的独立性和人格上的独立性，不人云亦云，拒绝随波逐流，在观点和言论上自成一家，自成体系。

3. 保持原则

现实中，有的抖音大号为了攫取利益，而不惜做枪手，无底线地去为商家做公关，做宣传，或受金主指示恶意打压竞争对手，成为任人操纵的木偶，成了金钱的奴隶。这种无原则、无操守的行为，随着行业监管的深入，以及平台运作的日渐规范，都将会是第一批整顿的对象。

4. 不弄虚作假

具体表现在两个方面：

第一，不为商家做虚假宣传，不替骗子站台；

第二，在数据和流量上不弄虚作假，不刷粉丝，不刷阅读量。

5. 保持谦卑之心

抖音作者应保持足够的谦卑，敬畏粉丝，敬畏用户，注意阶段性地清零、提升自己，回归初心，不断提升个人修养、境界。

第98招 用商业思维来做抖音

抖音自媒体从本质上讲，是一种内容创业，腾讯网副总编马立曾指出内容创业需要解决三大问题——内容、流量和变现，相对于内容，流量和变现才是内容创业的关键步骤所在。

流量和变现恰恰是普通抖音自媒体的短板所在，也是抖音营销问题的根本所在，这些问题至少包括：

创意如何产品化？

如何解决流量的问题？

如何确定商业目标？

如何实现商业计划？

怎么计算投入产出比？

……

抖音引流也好，营销也好，都是一种商业行为，要用商人思维去应对。

商业运营是一个系统工程，事关钱、财、物、进、销、存，涉及人、货、场，它要求抖音自媒体在市场调研、定位、策划、市场营销、执行力、领导力、团队组建、财务体系、公司架构、内外协调、退出机制、预算等一系列领域具有跨界的知识积累。

中国古代思想认为，天有五行，相生相克；中医也说，头痛未必医头，脚痛未必医脚，讲的就是系统、联系、秩序。同样，无论是小生意，还是创大业，其实都是一个个系统工程。很多抖音营销问题的出现，往往在于没有把创意和灵感放到一个更大的经营环境当中去关联思考、去全面论证、去协同调整。

抖音自媒体，如果多一点跨岗位、跨职能、跨身份的思维，就能最大程度上规避风险，或是力臻完善，可以走得更远。

同时，相对于单打独斗，团队化运作的商业行为，成功的概率要大一些。通过引入合伙人，进行团队化运营，能够互相弥补短板，提升决策水准，合伙人各得其所，优势互补，其眼界和高度，都非个人所能比。

还有，既然是商业化运作，就要积极借助资本的力量，资本的介入，有助于抖音自媒体更好实现持续生产、团队作战，获得持久的竞争力。

第99招 不可触碰抖音红线

抖音自媒体利用观众的猎奇窥探心理，来创作视频，吸引关注，寻求流量变现，这本无可厚非。但同时需要坚守抖音平台的规则红线，更应当守住法律的底线，否则，一旦逾越的话，轻则禁播封号，重则可能要承担法律责任。“温婉”是抖音史上走红速度最快的一个网红，凭借地下车库的一段“gucci prada”的魔性摇摆舞爆红，获赞千万。但后来，年仅 17 岁的温婉由于被爆出私生活混乱、人品差、整容、泡吧炫富等负面黑料，因不符合社会核心价值观和误导年轻人而被抖音封杀。

前车之鉴，后事之师，抖音内容的创作与发布，乃至个人价值观和公众形象的展示，都务必要掌握好尺度，不可触碰抖音的红线。想了解抖音内容的发布规则和禁忌，有以下几个途径：

图 99-1

1. 了解举报事项

在视频转发栏，可以看到“举报”选项（见图 99–1）。

打开举报选项，内容违规列表事项即是我们所不能触碰的红线（见图 99–2）。

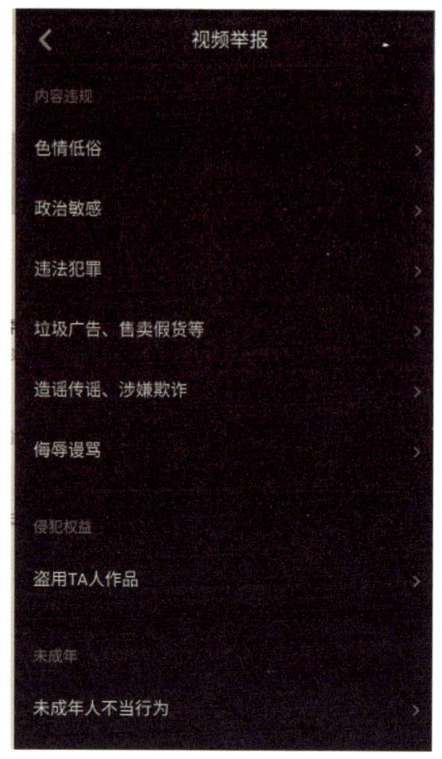

图 99–2

2. 抖音用户服务协议、抖音社区自律公约

在账户设置中，可以查看《抖音用户服务协议》和《抖音社区自律公约》，相信这些内容大部分人都没有仔细看过。这是非常重要的内容，其中有详细的行为规范、使用规范、社区违规行为和违规处理等约定，务必要仔细研读。